FRÉDÉRIC CHOPIN

MAZURKAS

für Klavier / for Piano

Kritisch revidiert von / Revised by

Herrmann Scholtz

Neue Ausgabe von / New edition by

Bronislaw von Pozniak

EIGENTUM DES VERLEGERS · ALLE RECHTE VORBEHALTEN
ALL RIGHTS RESERVED

C. F. PETERS

FRANKFURT/M. · LEIPZIG · LONDON · NEW YORK

Inhalt / Contents

29.
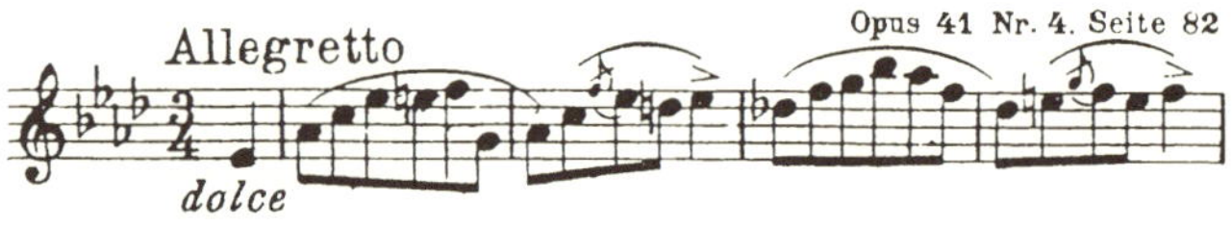

30.
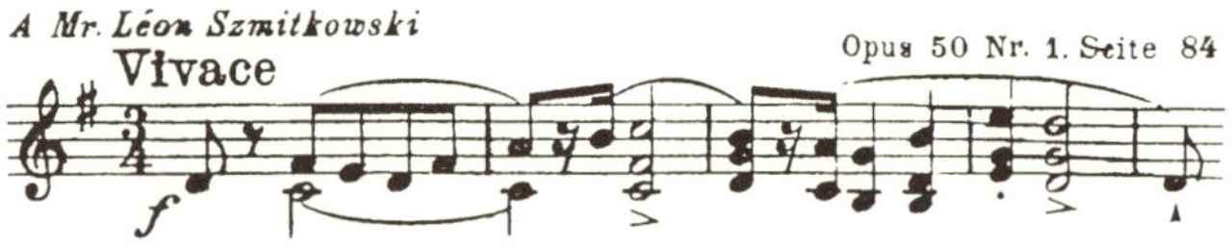

31.
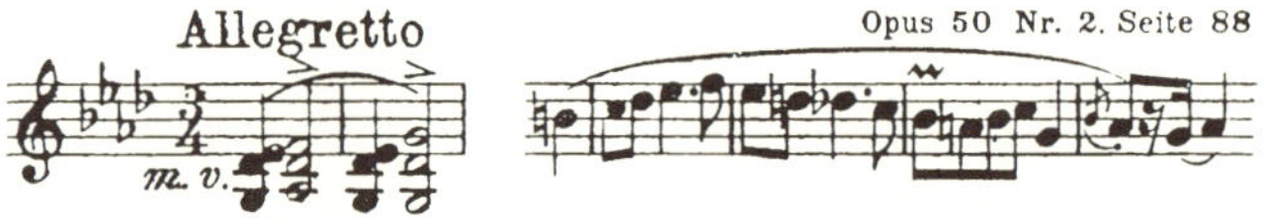

32.
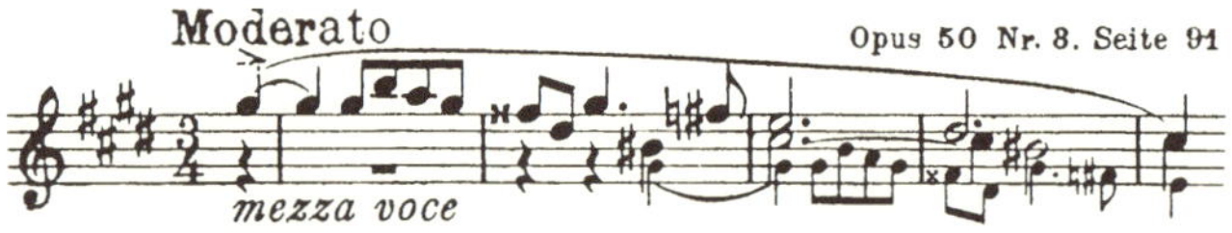

33.
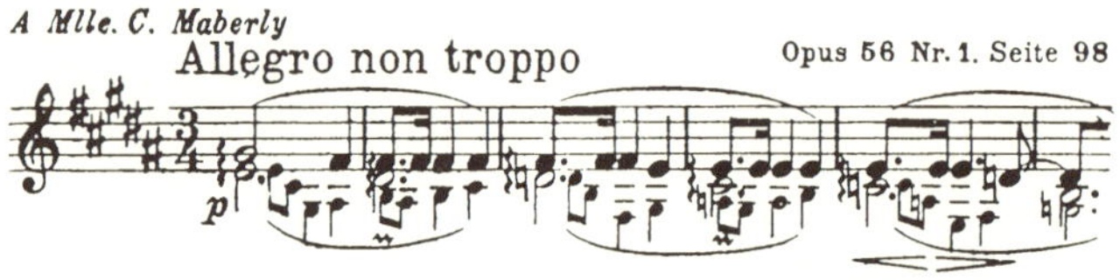

34.
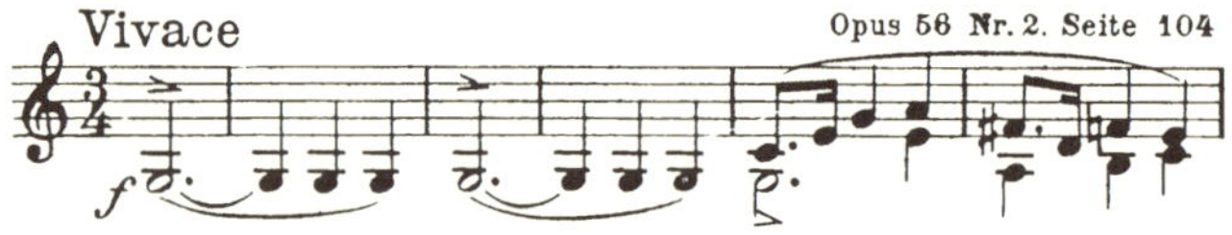

35.
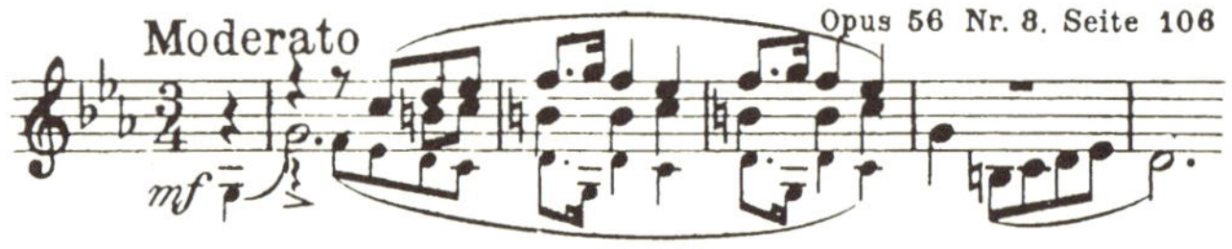

36.
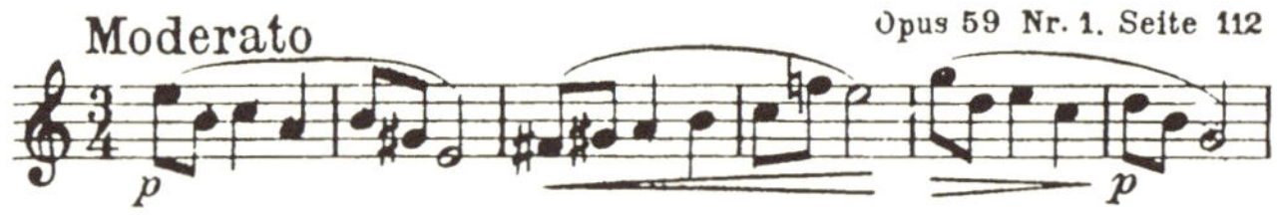

37.
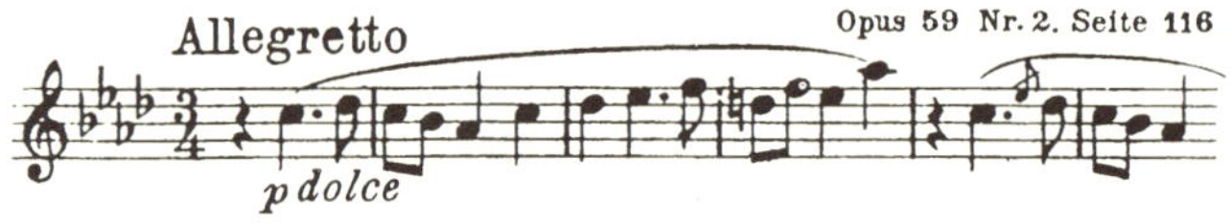

38.
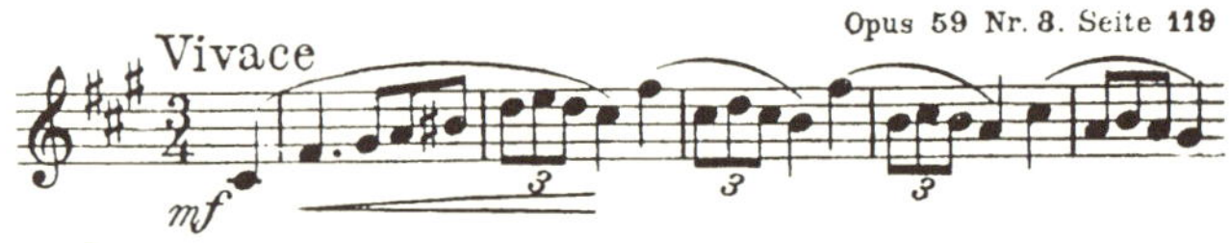

39.
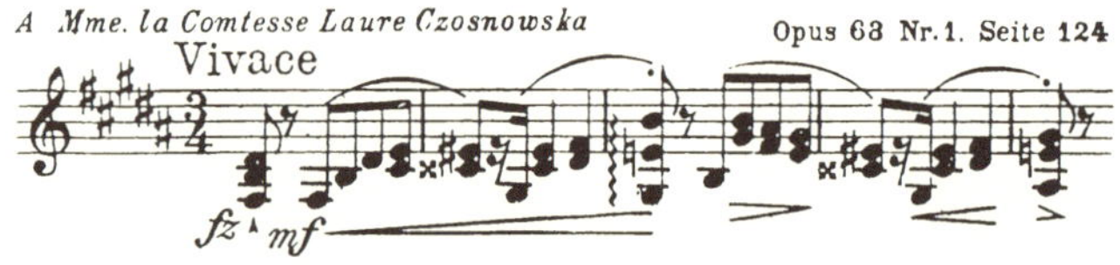

40.
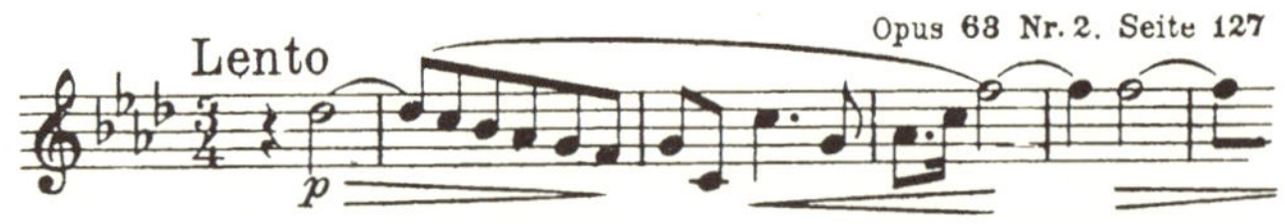

41.
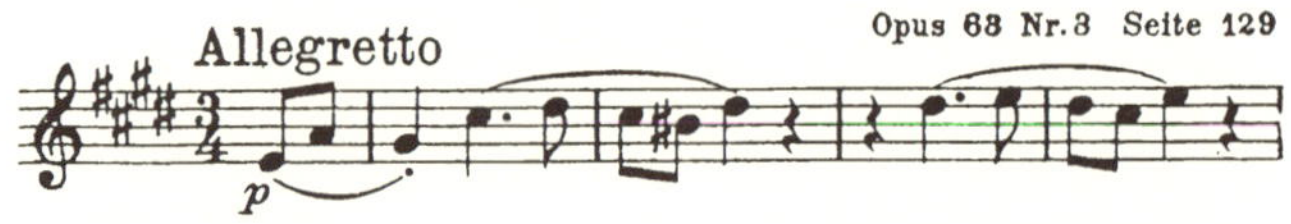

42.
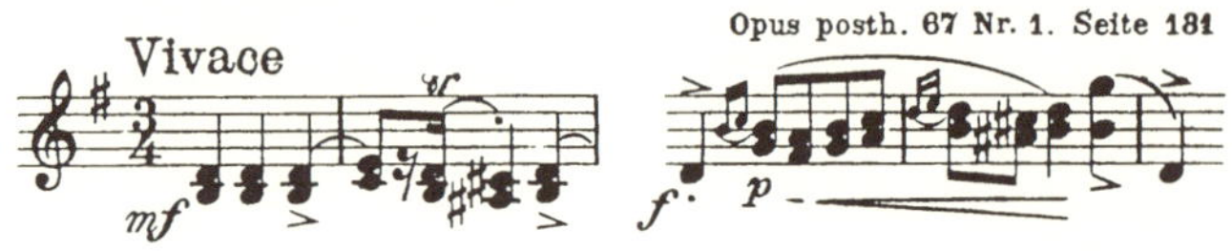

43.
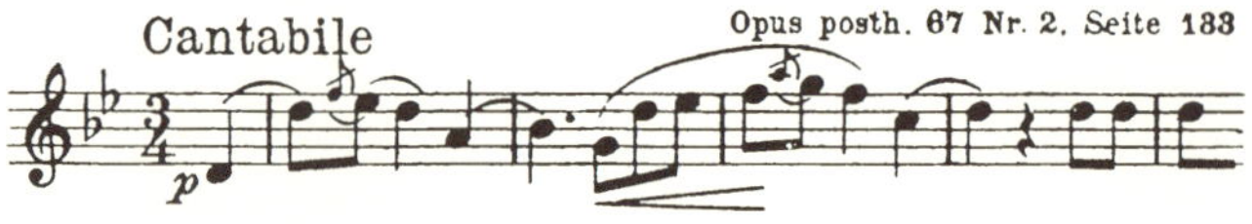

44.
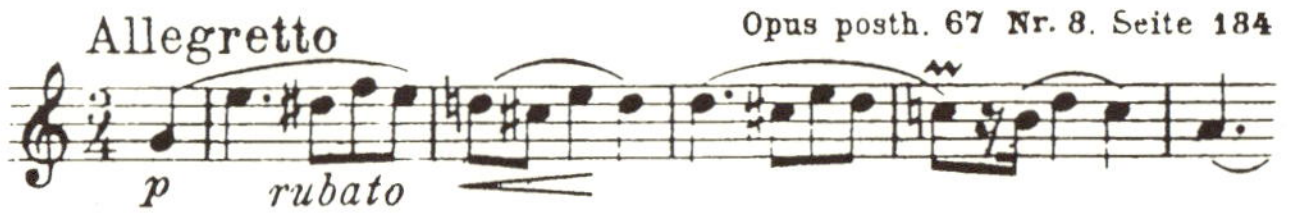

45.
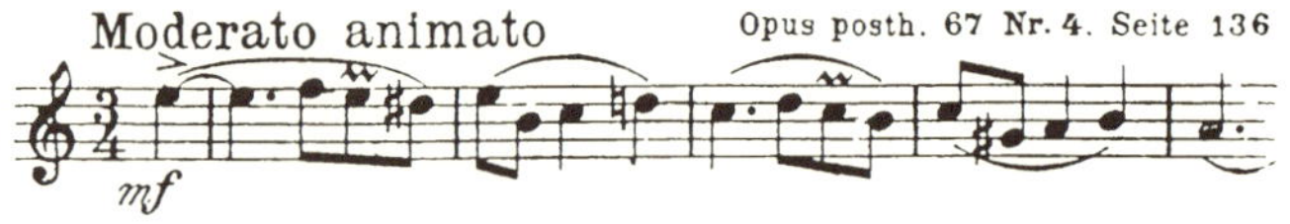

46.
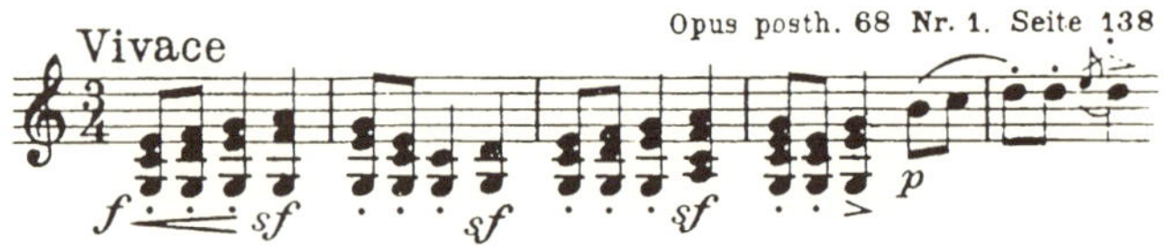

47.
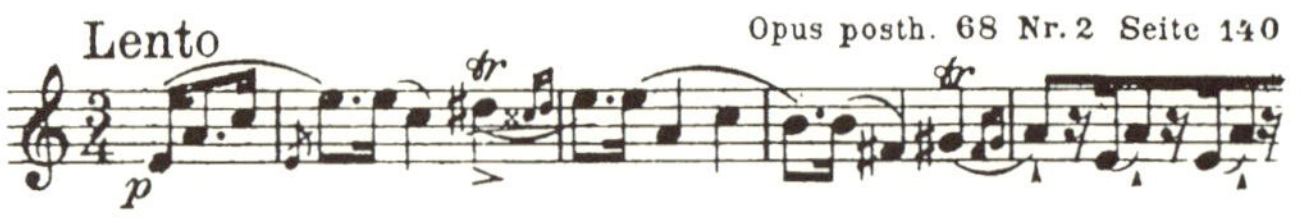

48.
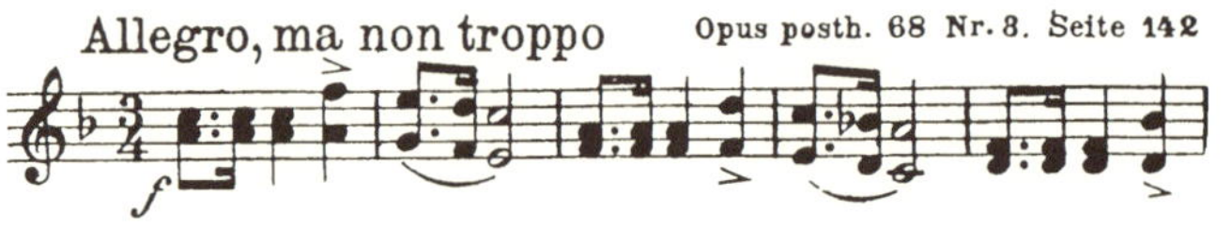

49.
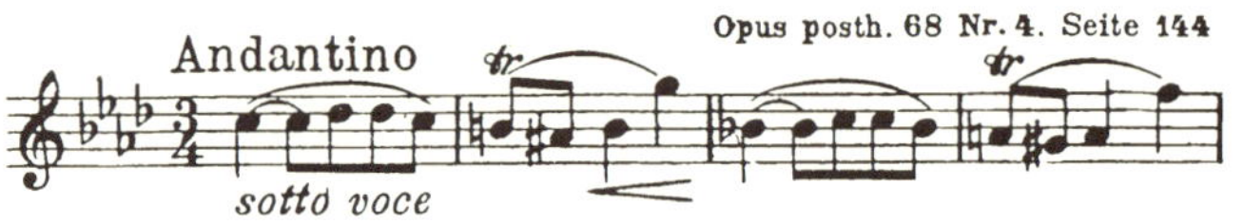

50.
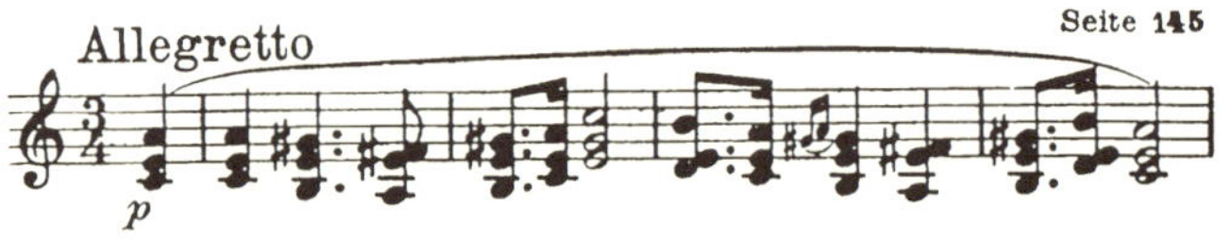

51.
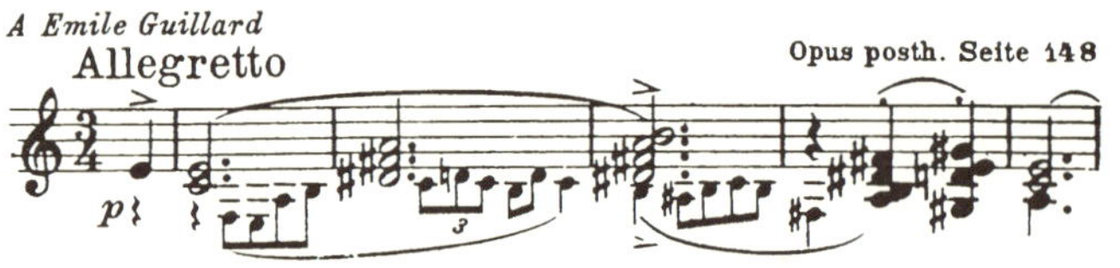

52.
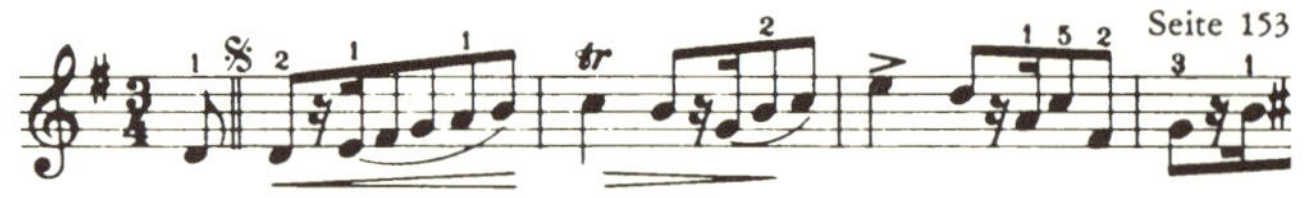

53.
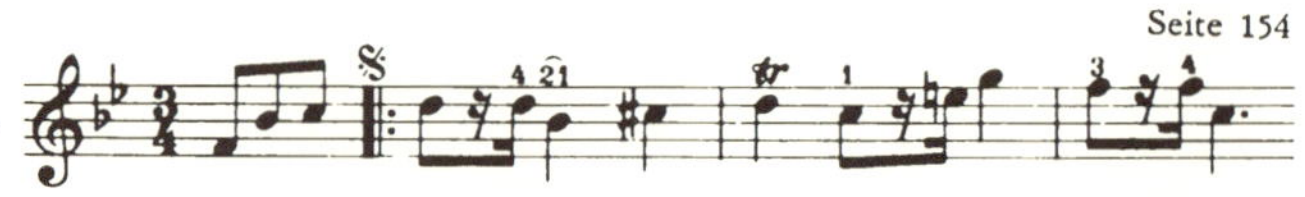

54.
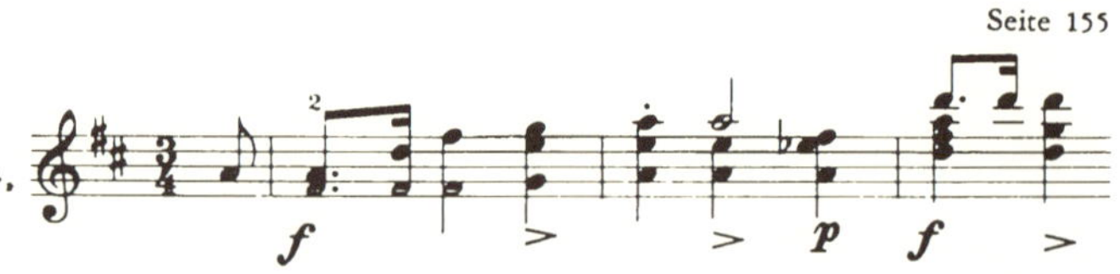

55.
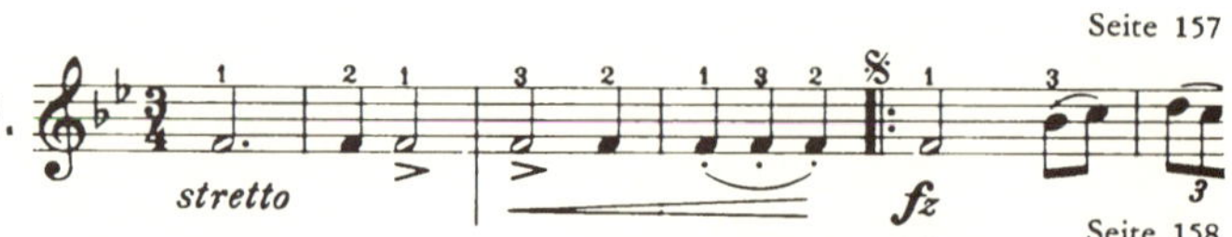

56.
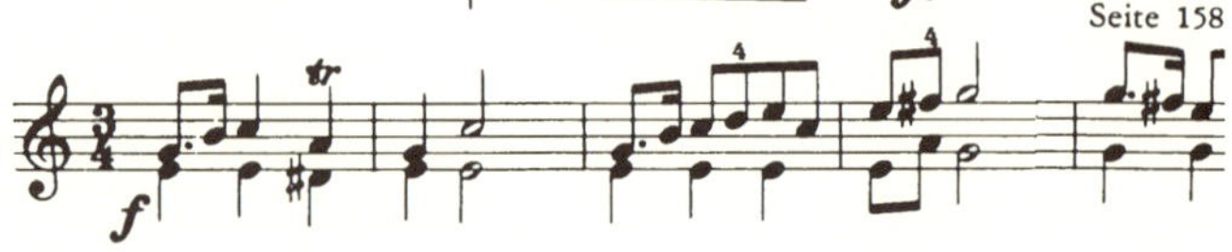

57.
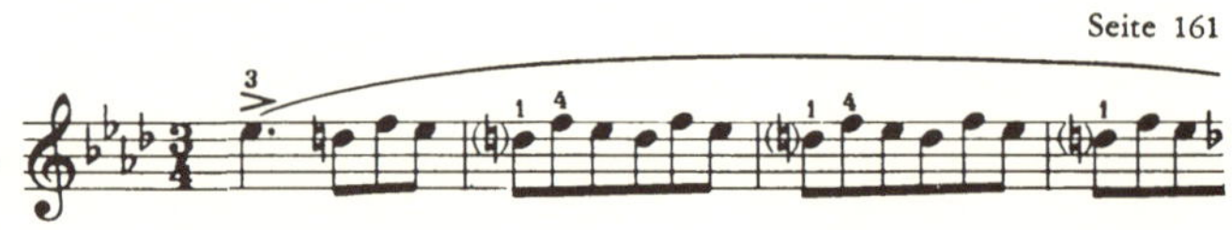

Mazurkas

Frédéric Chopin Op. 6 Nr. 1

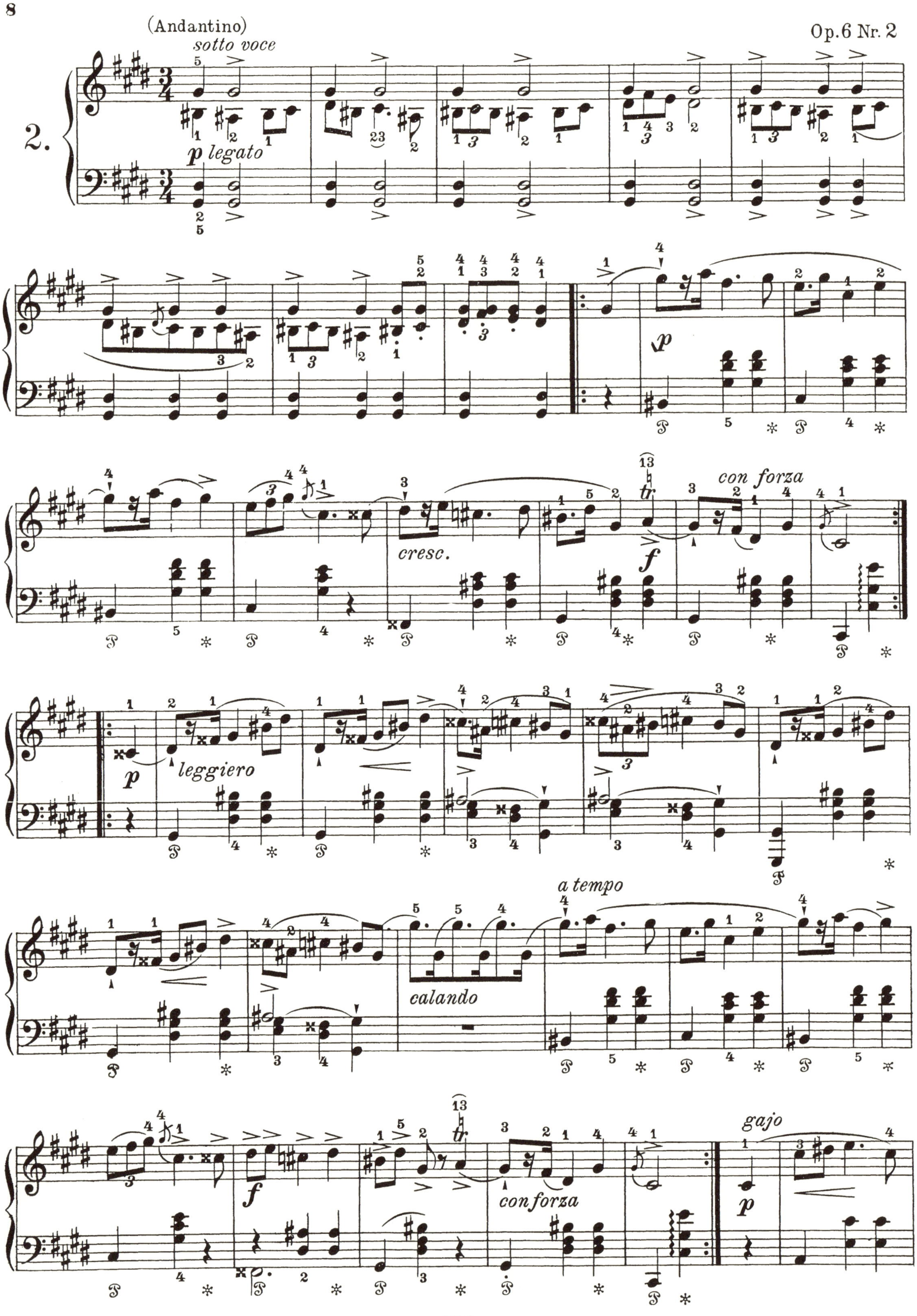
(Andantino)
sotto voce
Op.6 Nr. 2
2.
p legato
cresc.
con forza
f
leggiero
p
a tempo
calando
f
con forza
gajo
p

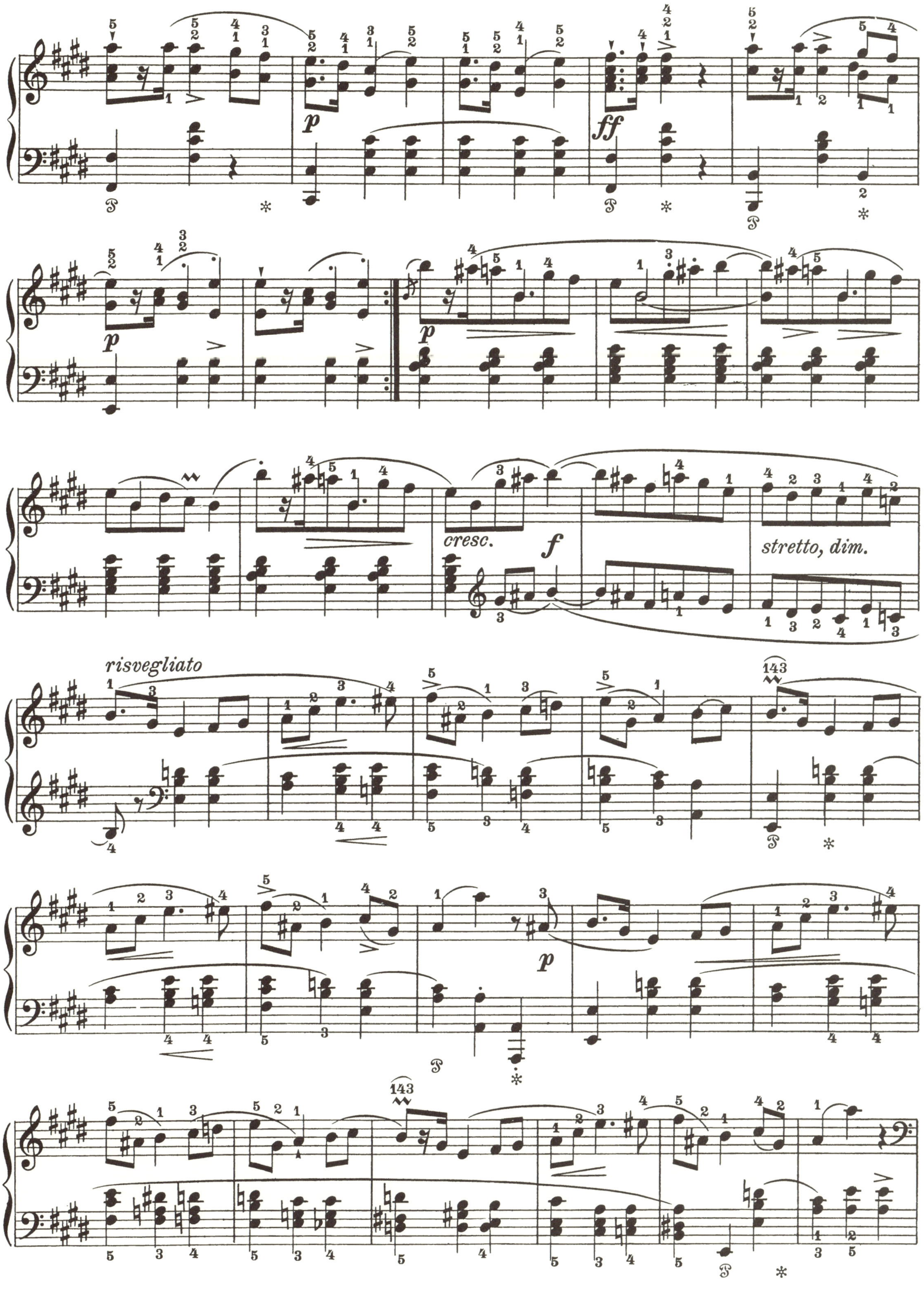
p
ff
p
p
cresc.
f
stretto, dim.
risvegliato
p

Presto, ma non troppo

Op. 6 Nr. 4

4.

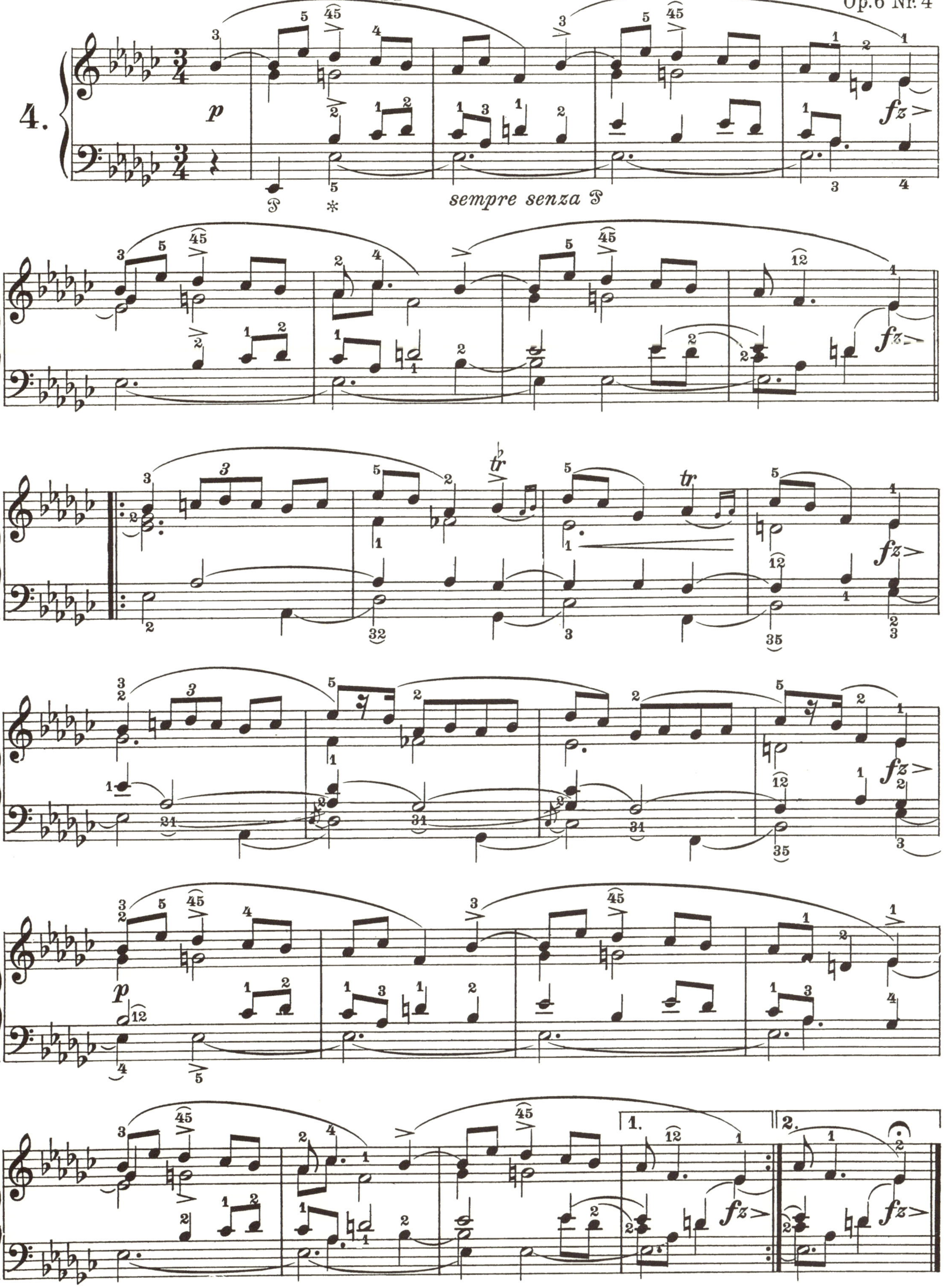

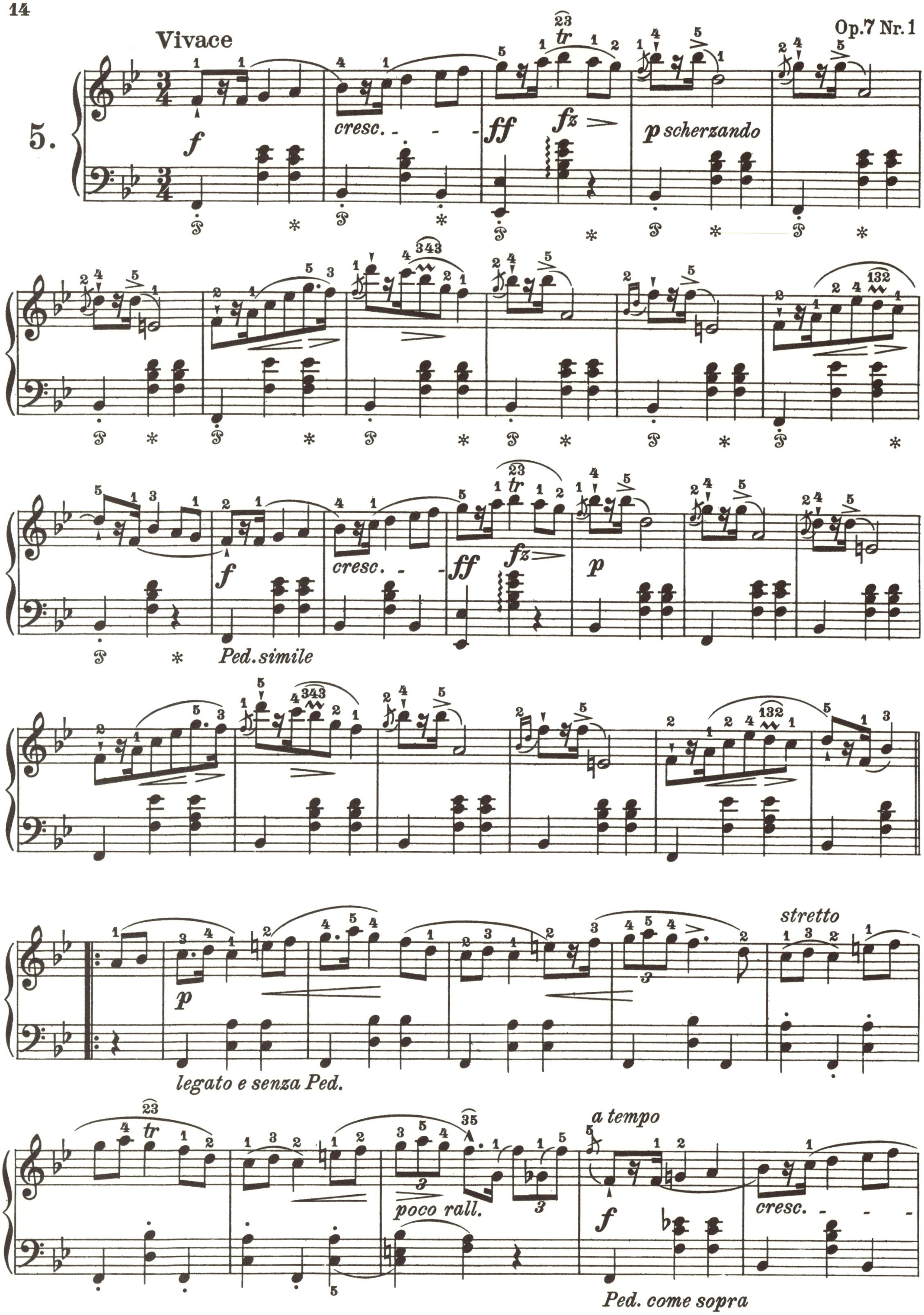
Vivace
Op.7 Nr.1
5.
f
cresc.
ff
fz
p scherzando
Ped.simile
p
legato e senza Ped.
stretto
poco rall.
a tempo
cresc.
Ped. come sopra

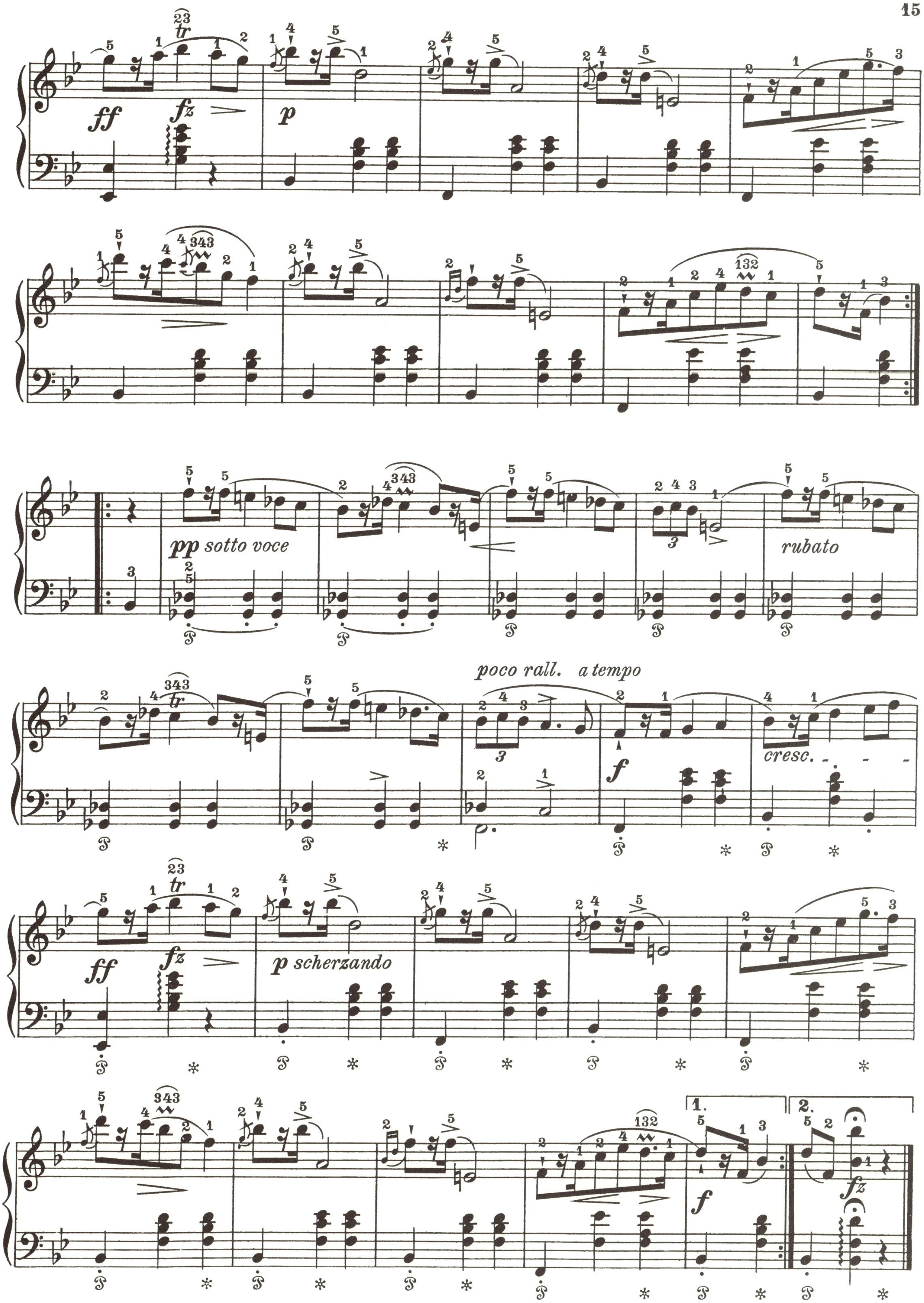

ff
fz
p
pp sotto voce
rubato
poco rall.
a tempo
f
cresc.
ff
fz
p scherzando
1.
2.
f
fz

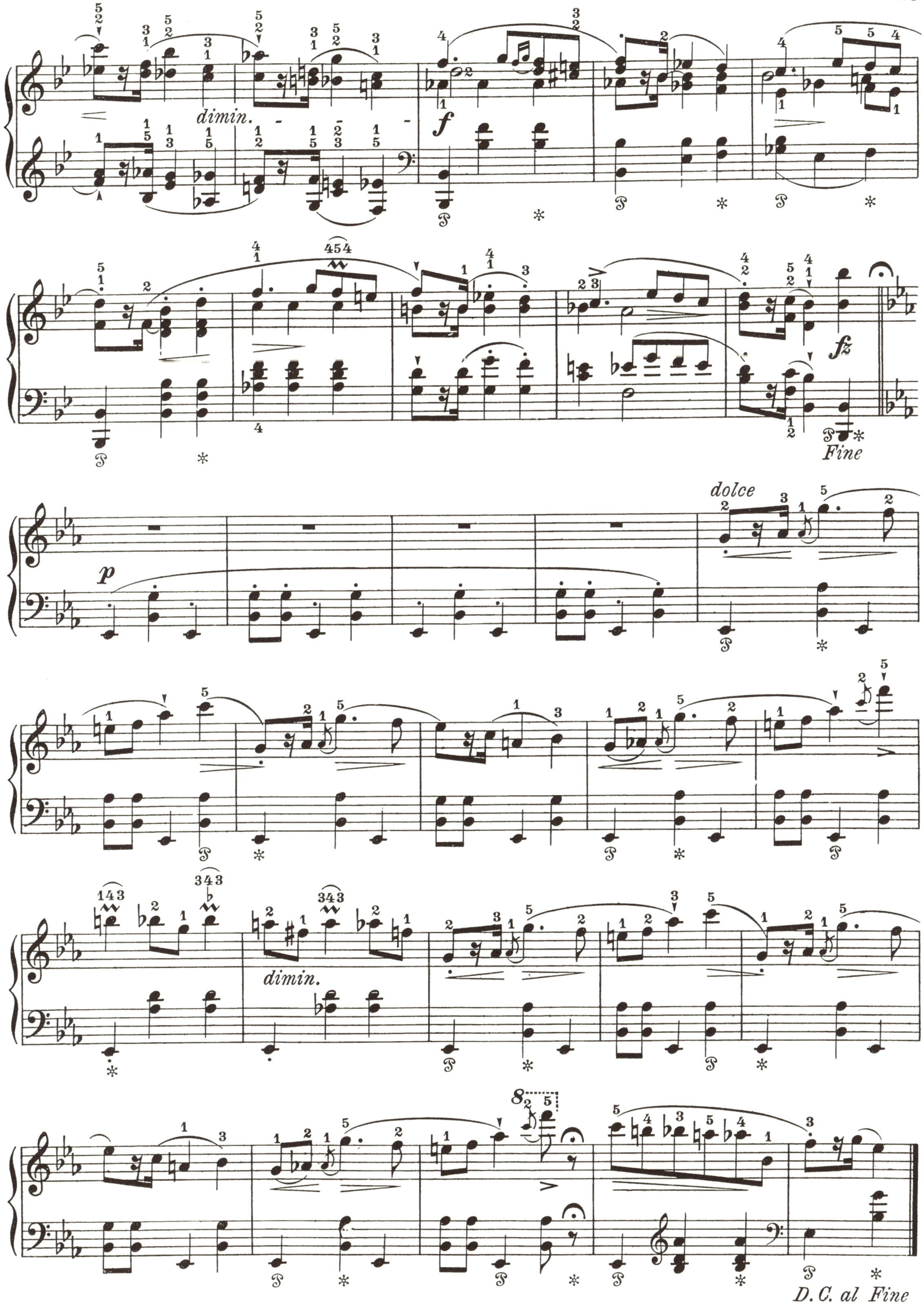
dimin.
f
fz
Fine
dolce
p
dimin.
8
D.C. al Fine

28

Legato assai (Allegretto grazioso) Op. 17 Nr. 3

12.

Edition Peters 9044

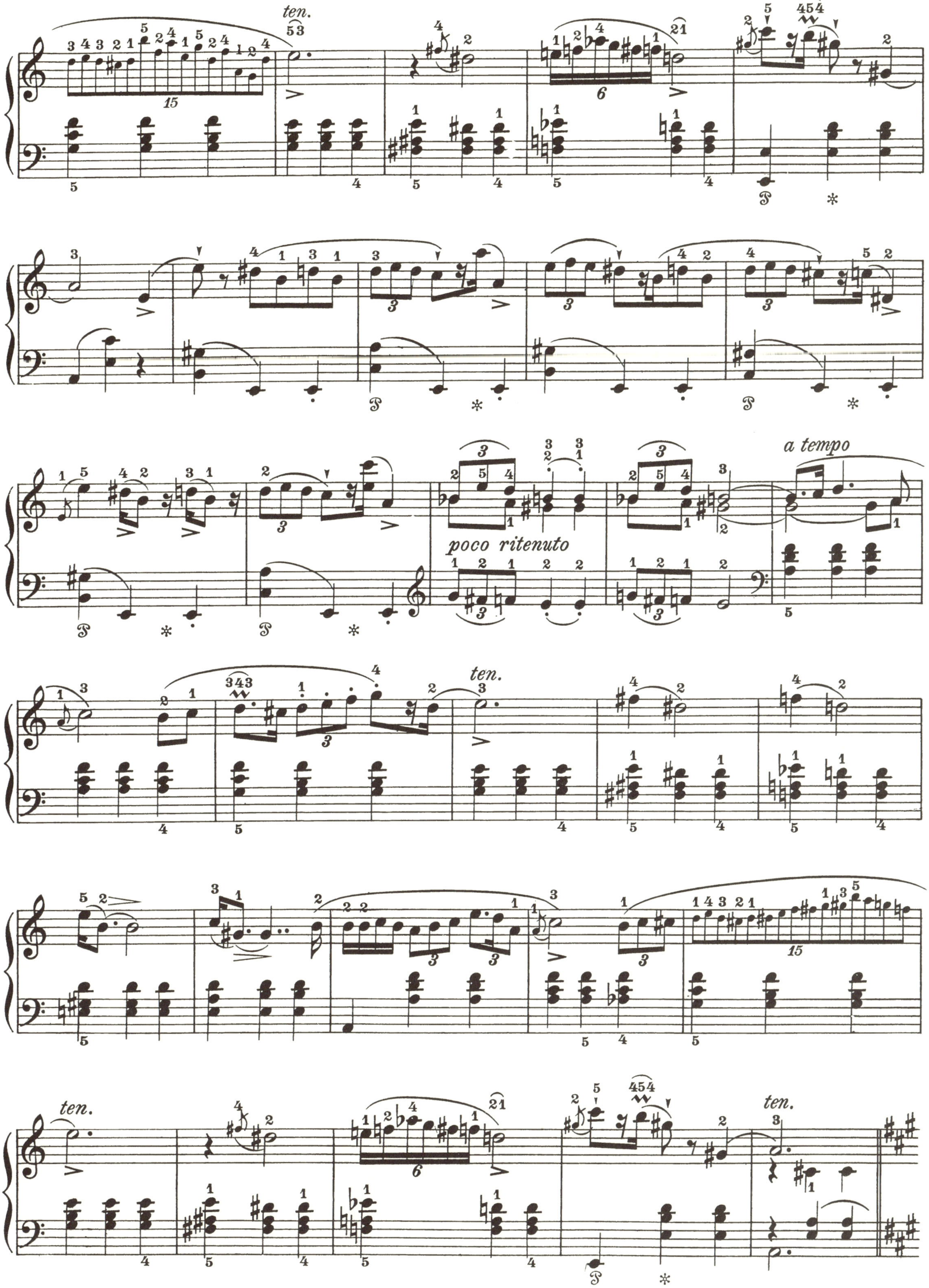
ten.
poco ritenuto
a tempo
ten.
ten.
ten.

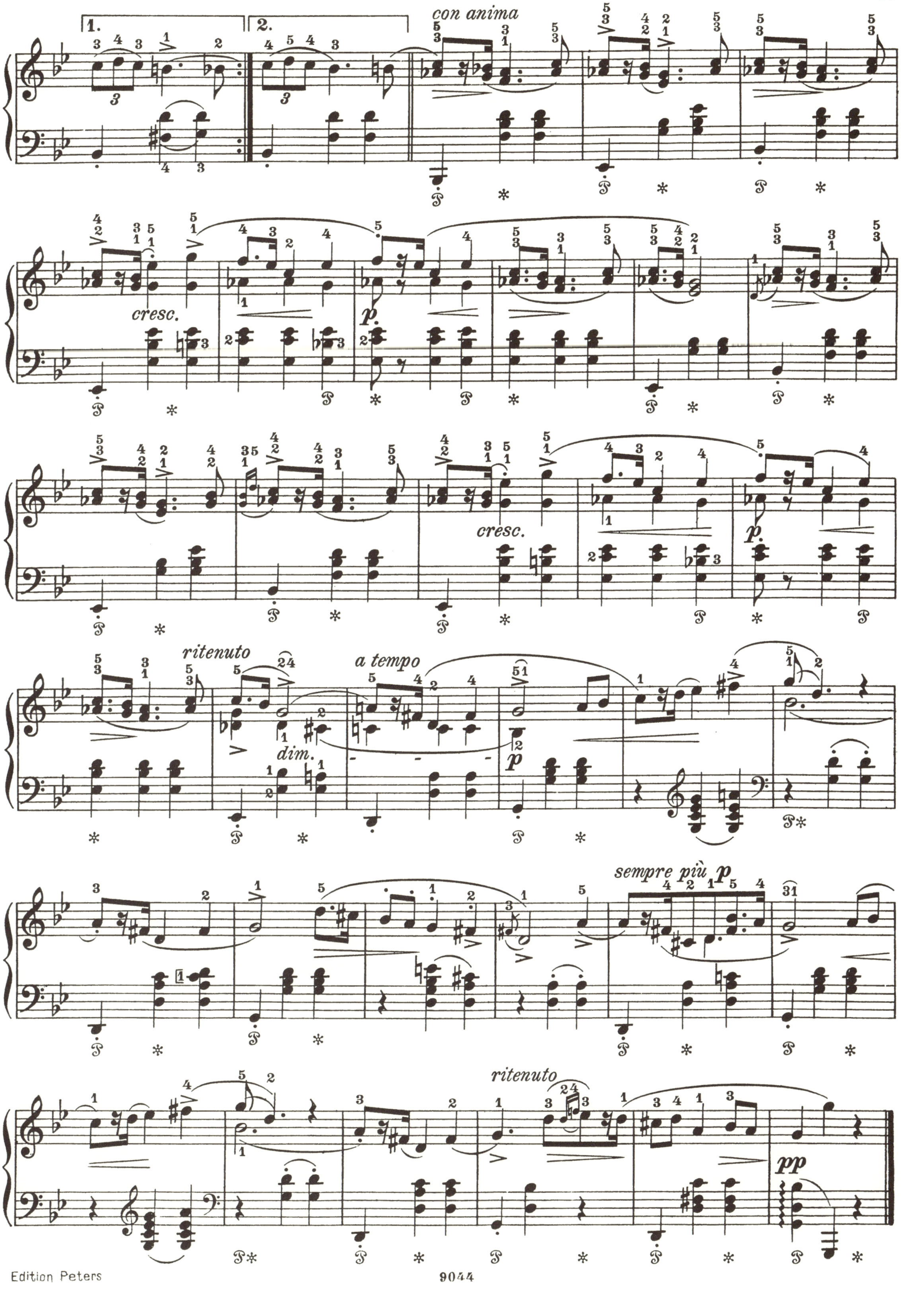
con anima
cresc.
p.
cresc.
p.
ritenuto
dim.
a tempo
p
sempre più p
ritenuto
pp

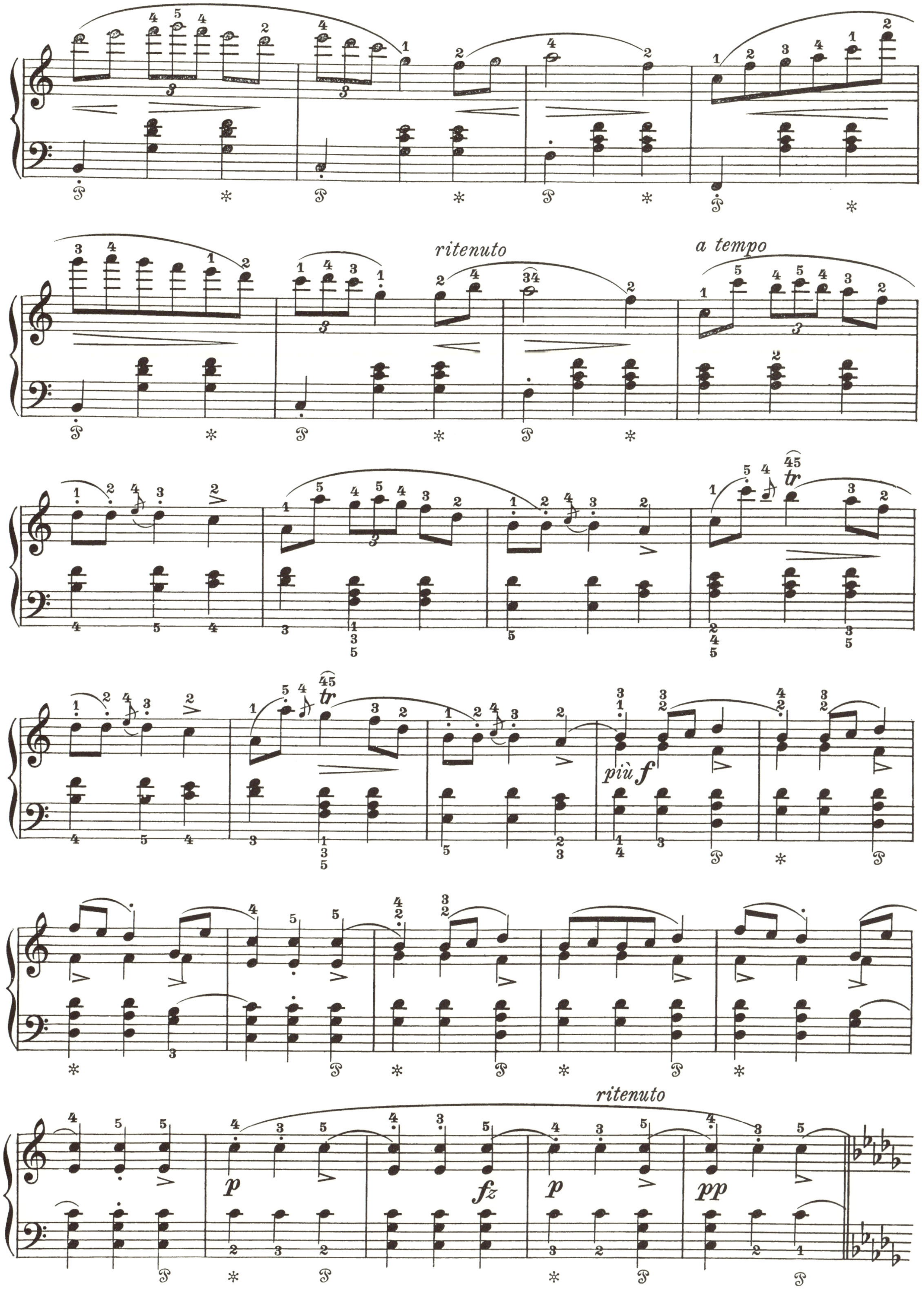
ritenuto
a tempo
più f
ritenuto

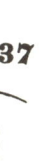

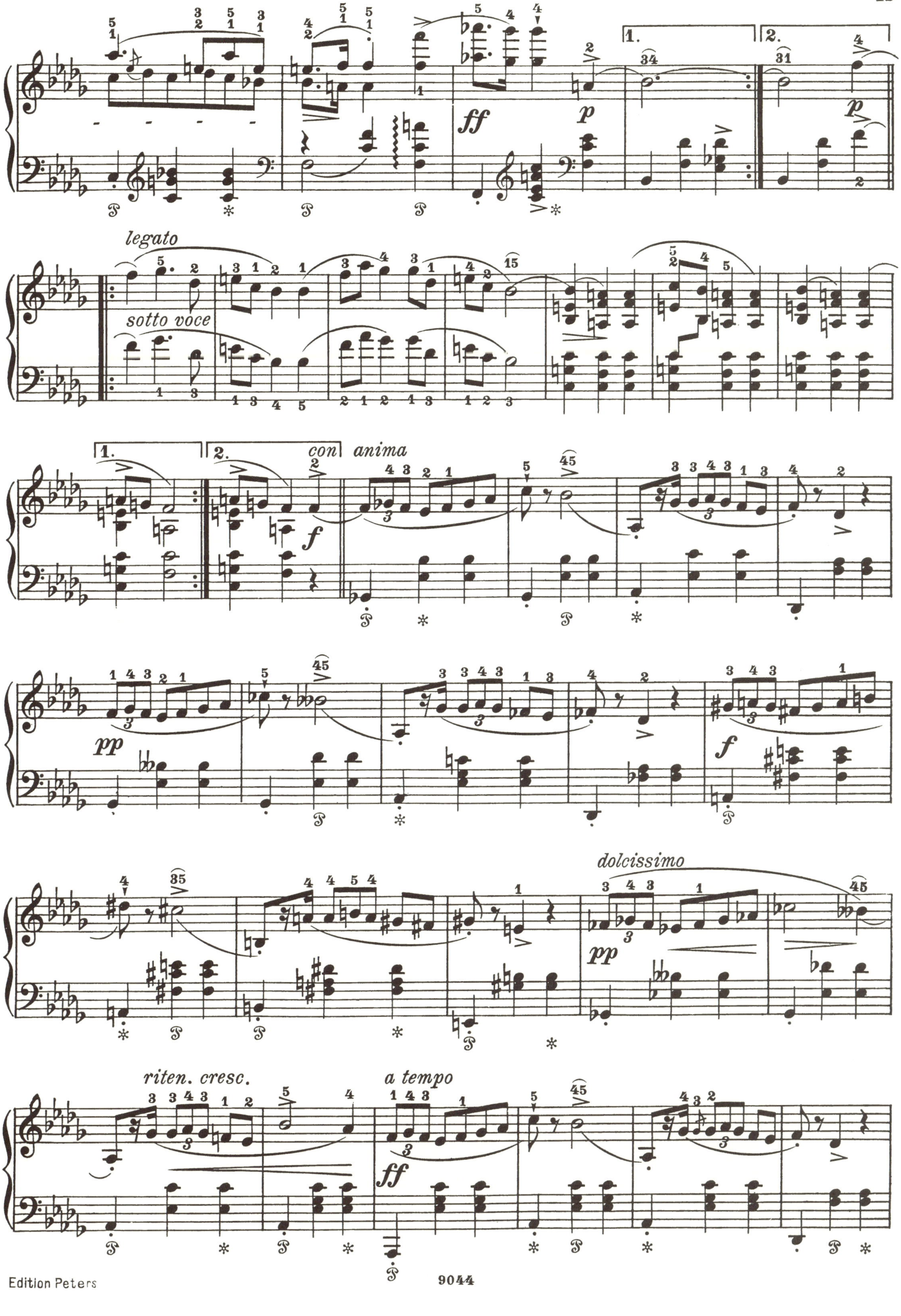
legato
sotto voce
con anima
dolcissimo
riten. cresc.
a tempo

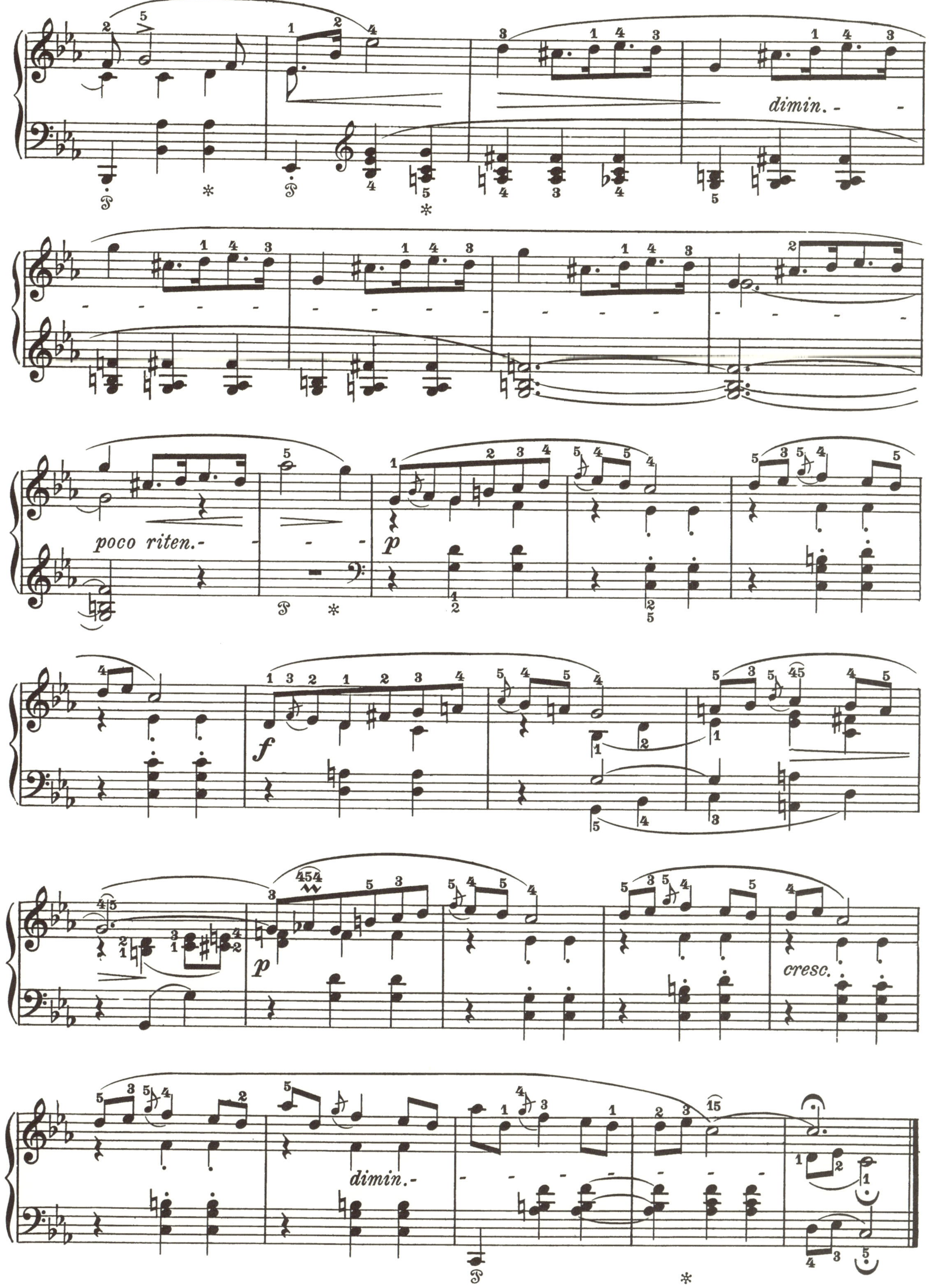
dimin.
poco riten.
p
f
p
cresc.
dimin.

19. Vivace
Op. 30 Nr. 2

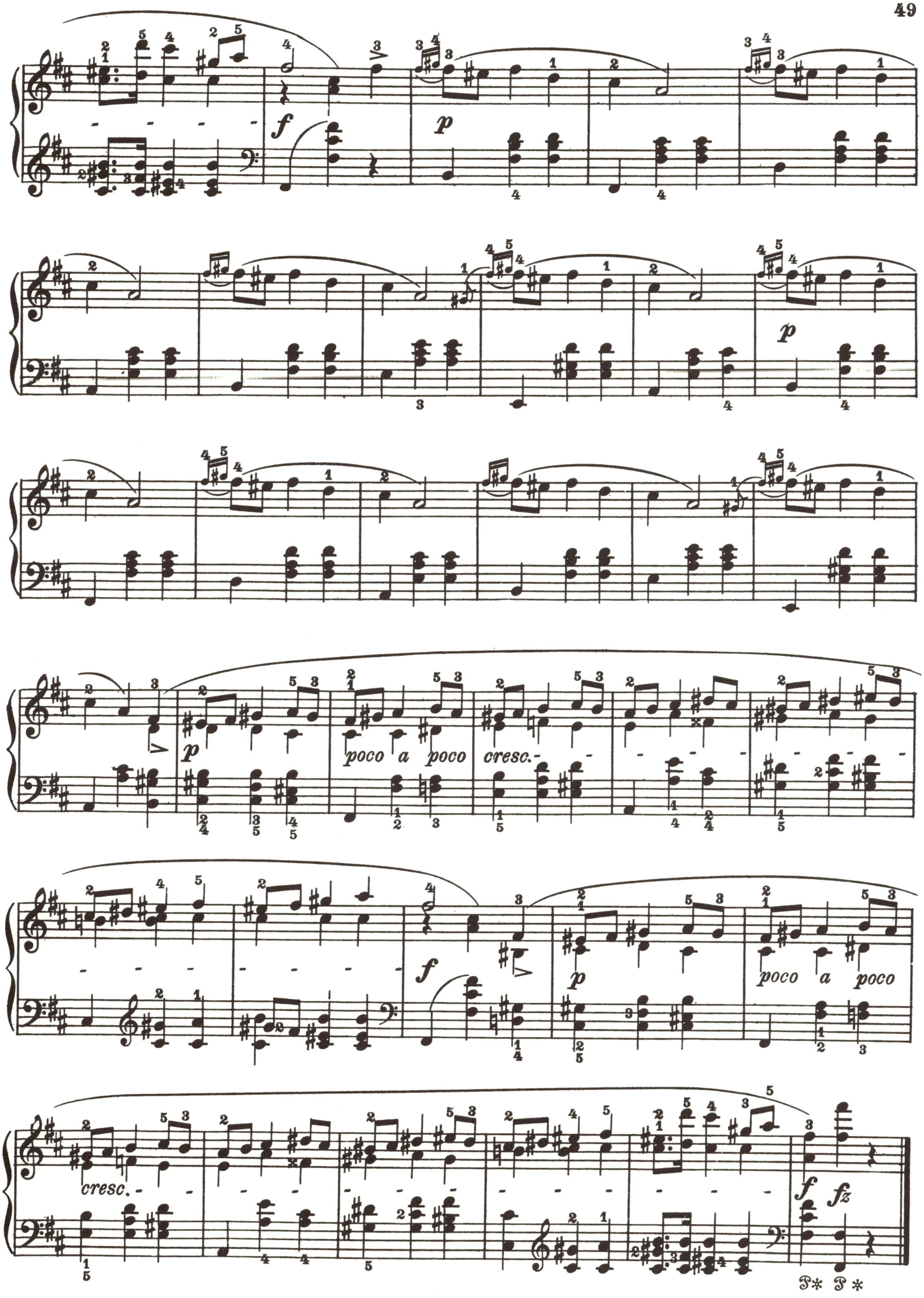
poco a poco cresc.
poco a poco
cresc.

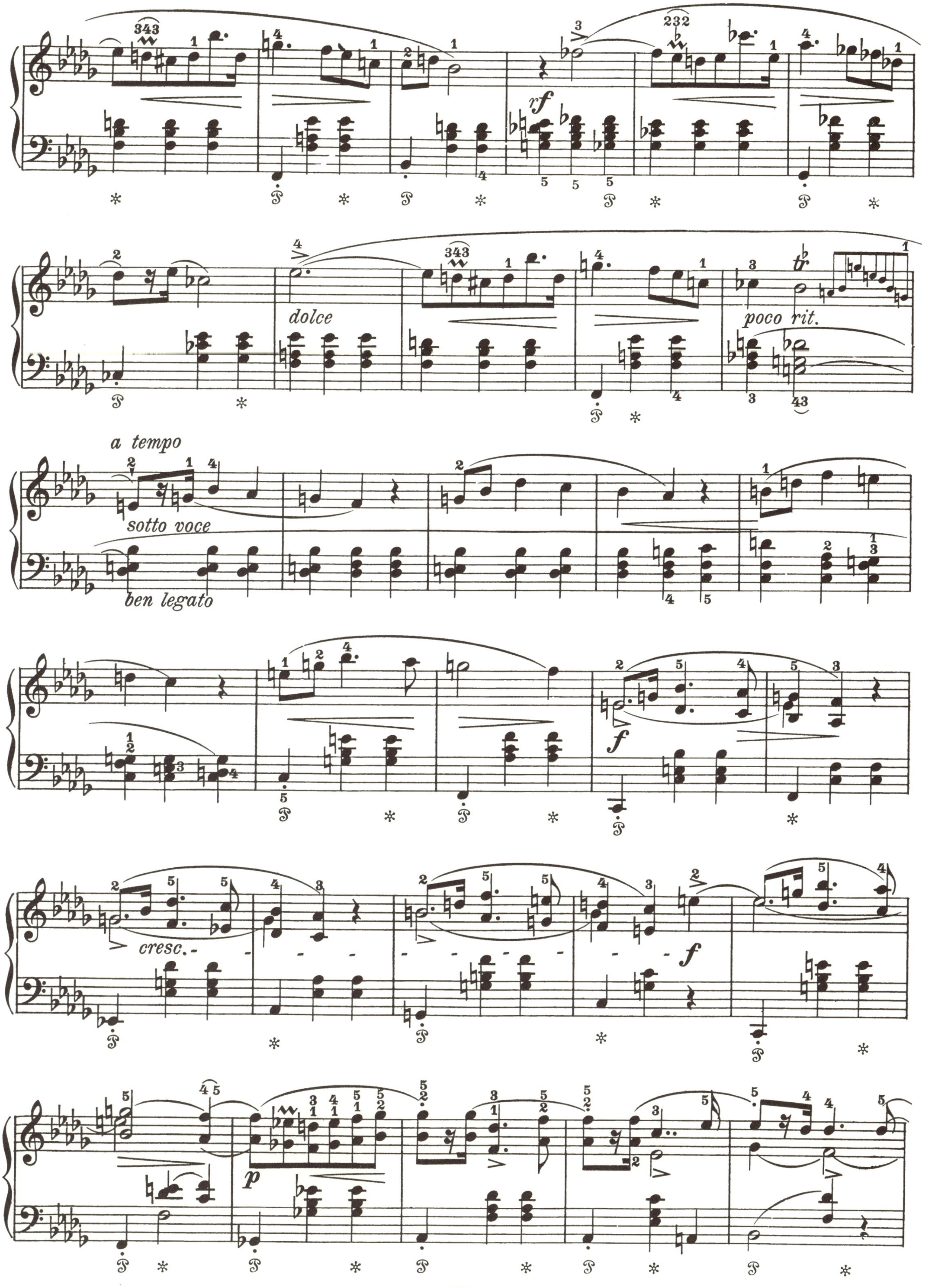
dolce
poco rit.
a tempo
sotto voce
ben legato
cresc.

54

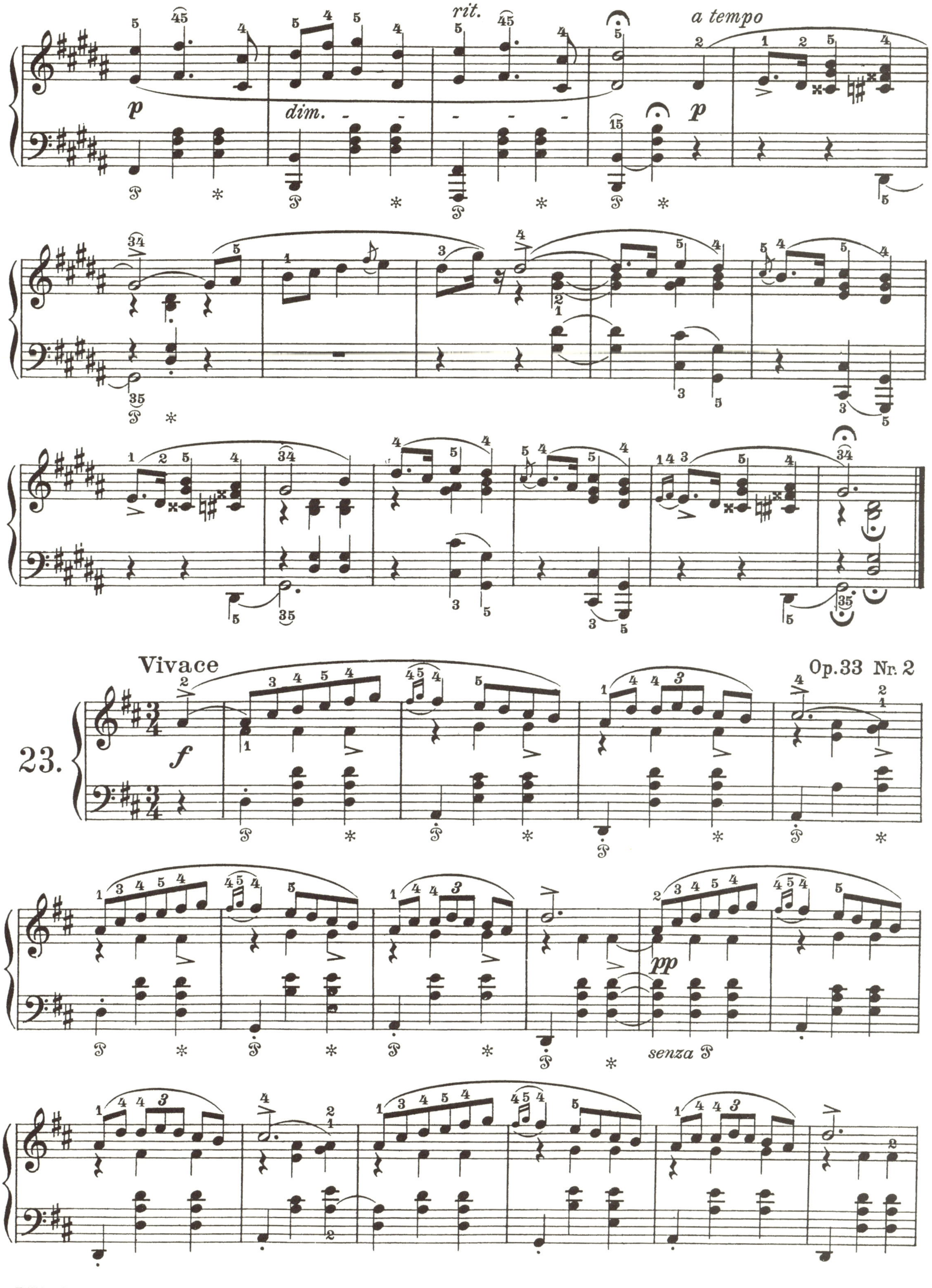
rit.
a tempo
p
dim.
23.
Vivace
Op. 33 Nr. 2
f
pp
senza 𝄮

60

70

74

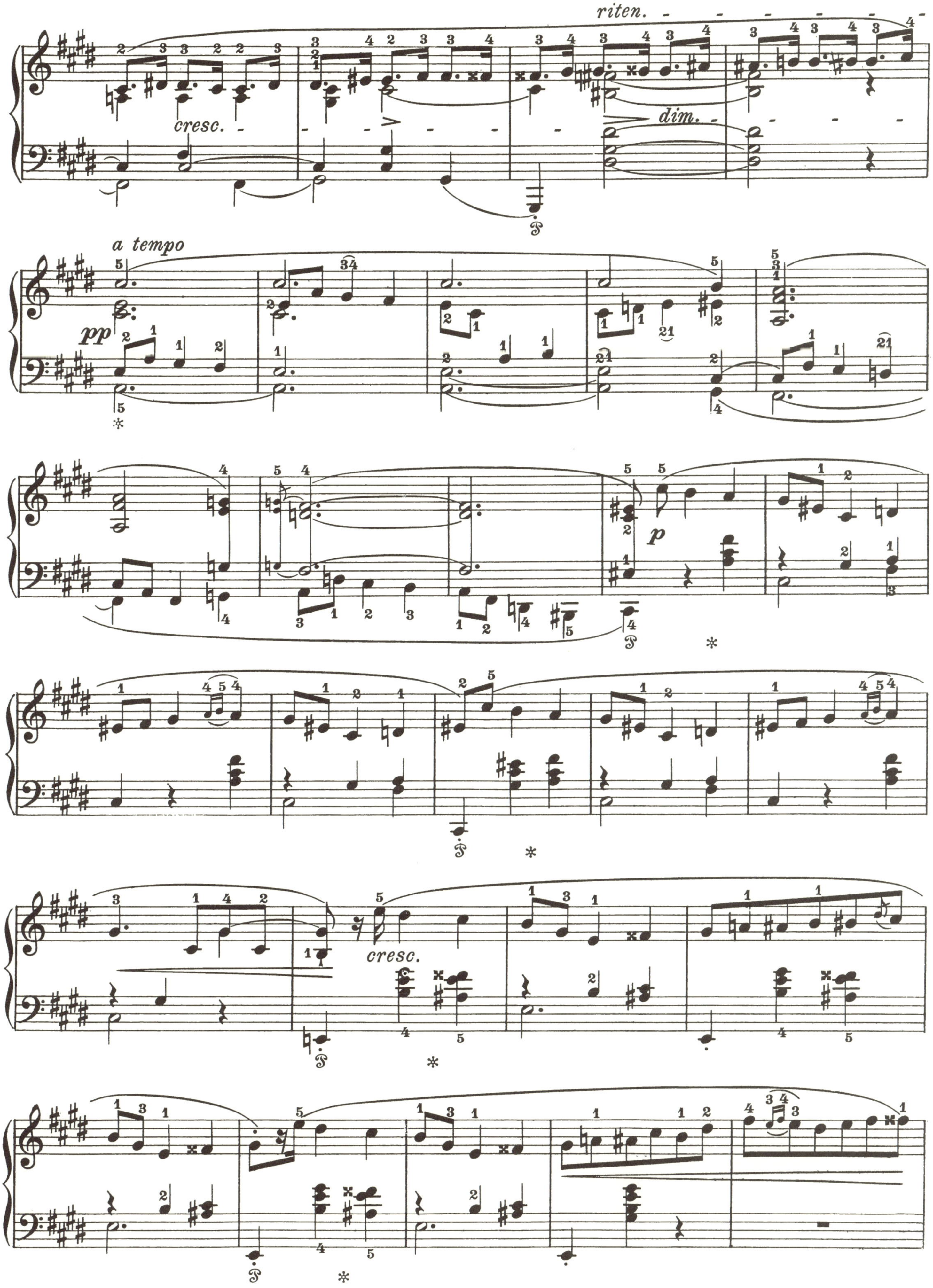
riten.
cresc.
dim.
a tempo
pp
p
cresc.

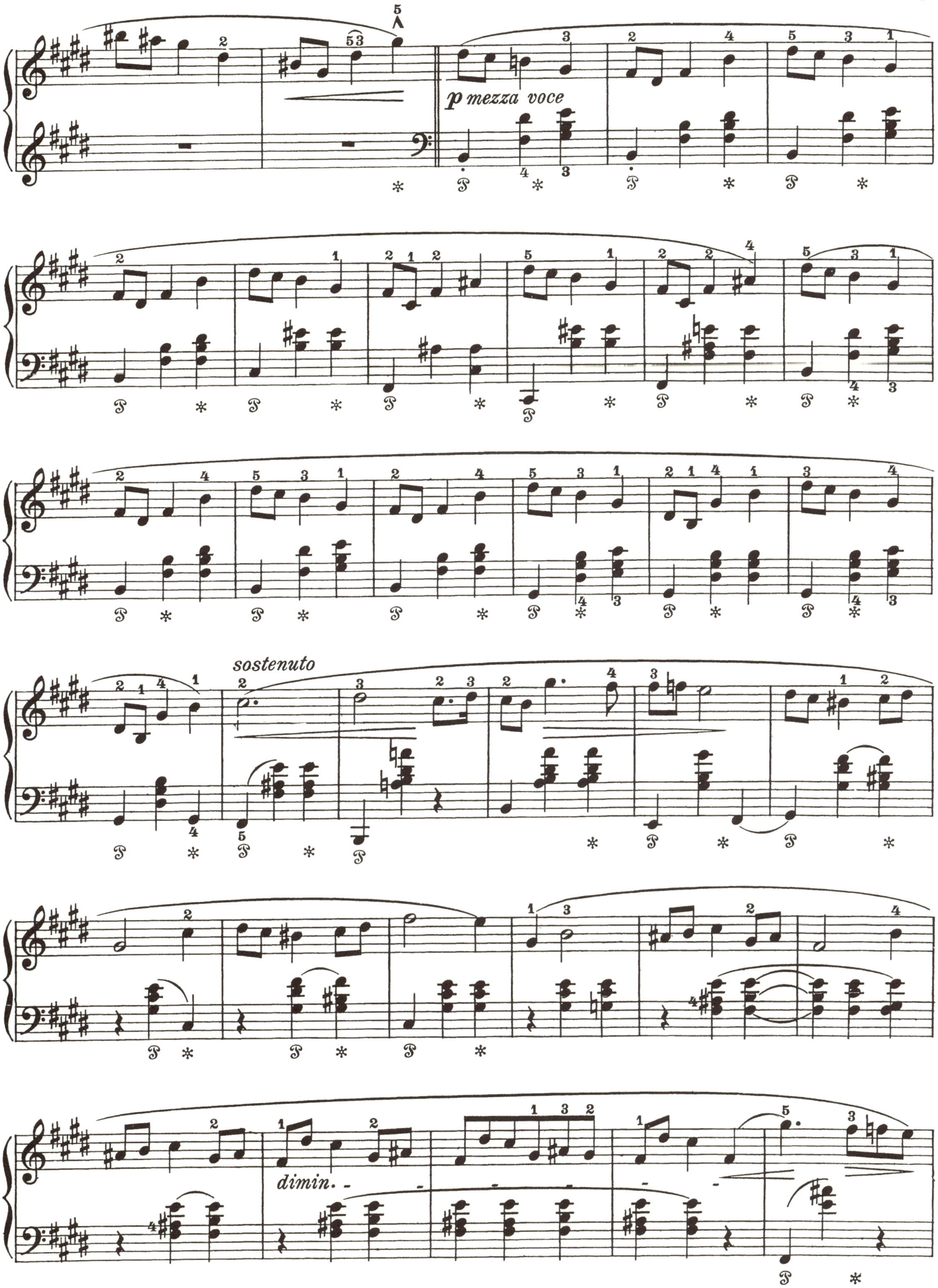
p mezza voce
sostenuto
dimin.

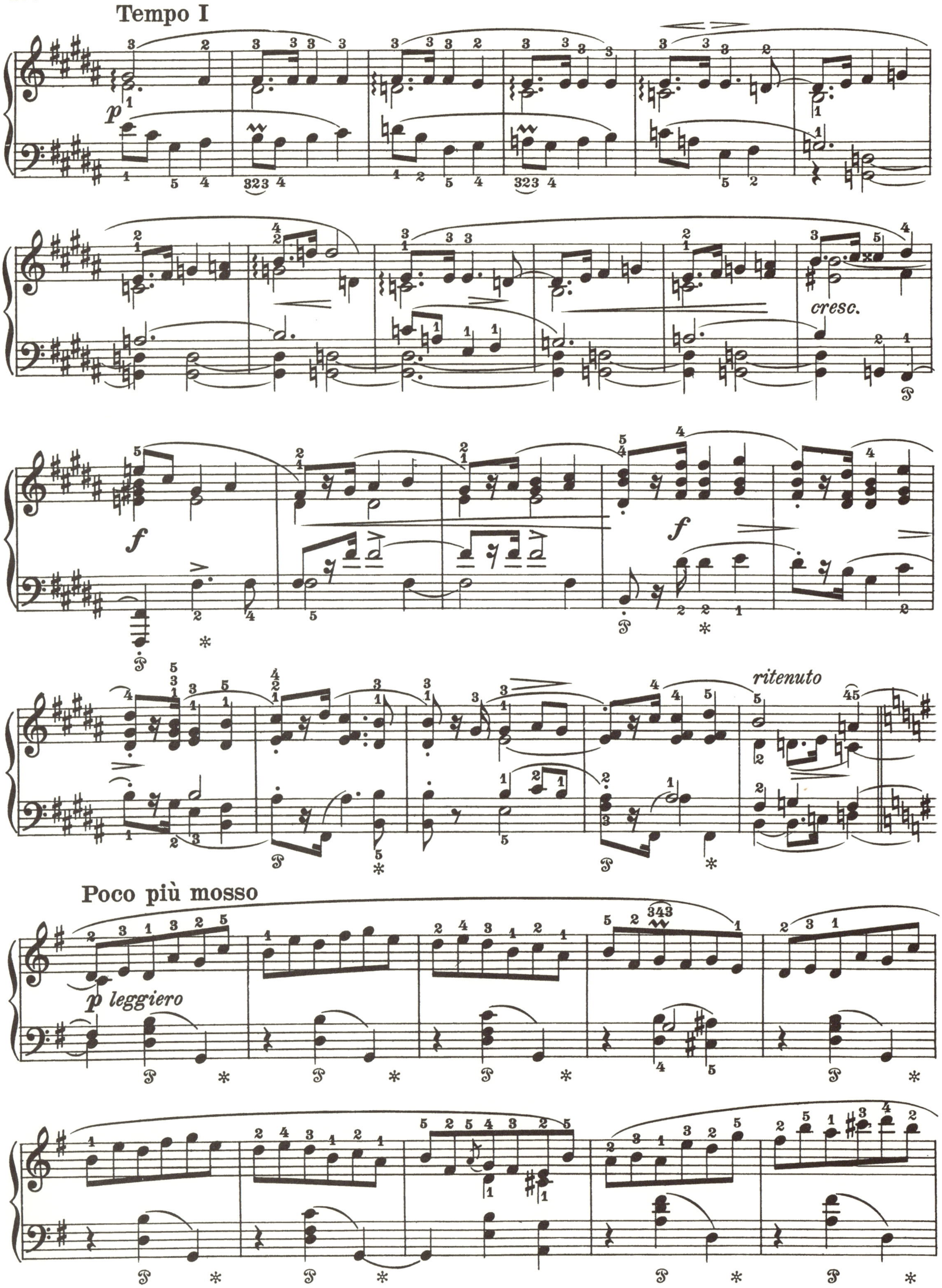
Tempo I
p
cresc.
f
f
ritenuto
Poco più mosso
p leggiero

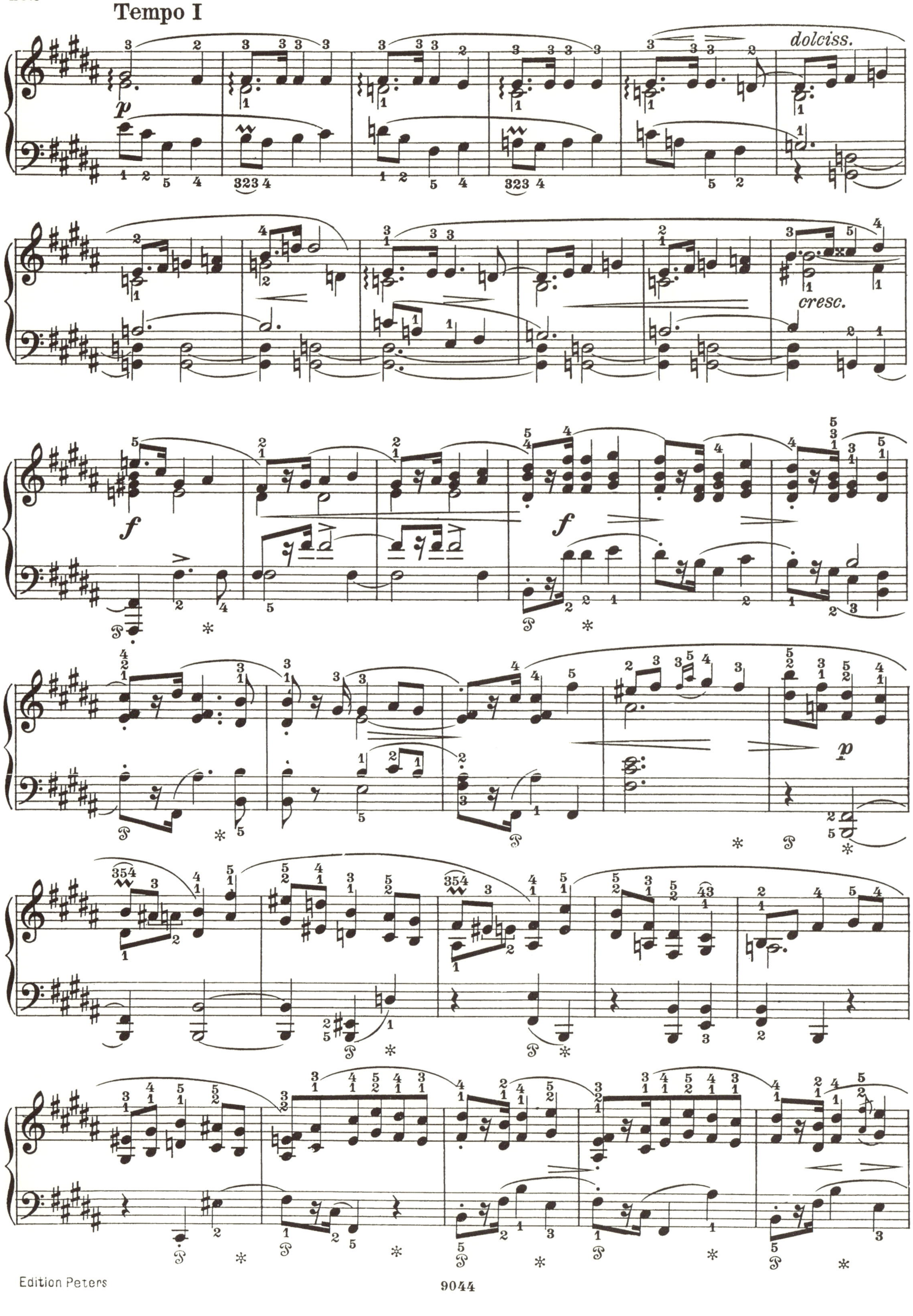
Tempo I
p
dolciss.
cresc.
f
f
p

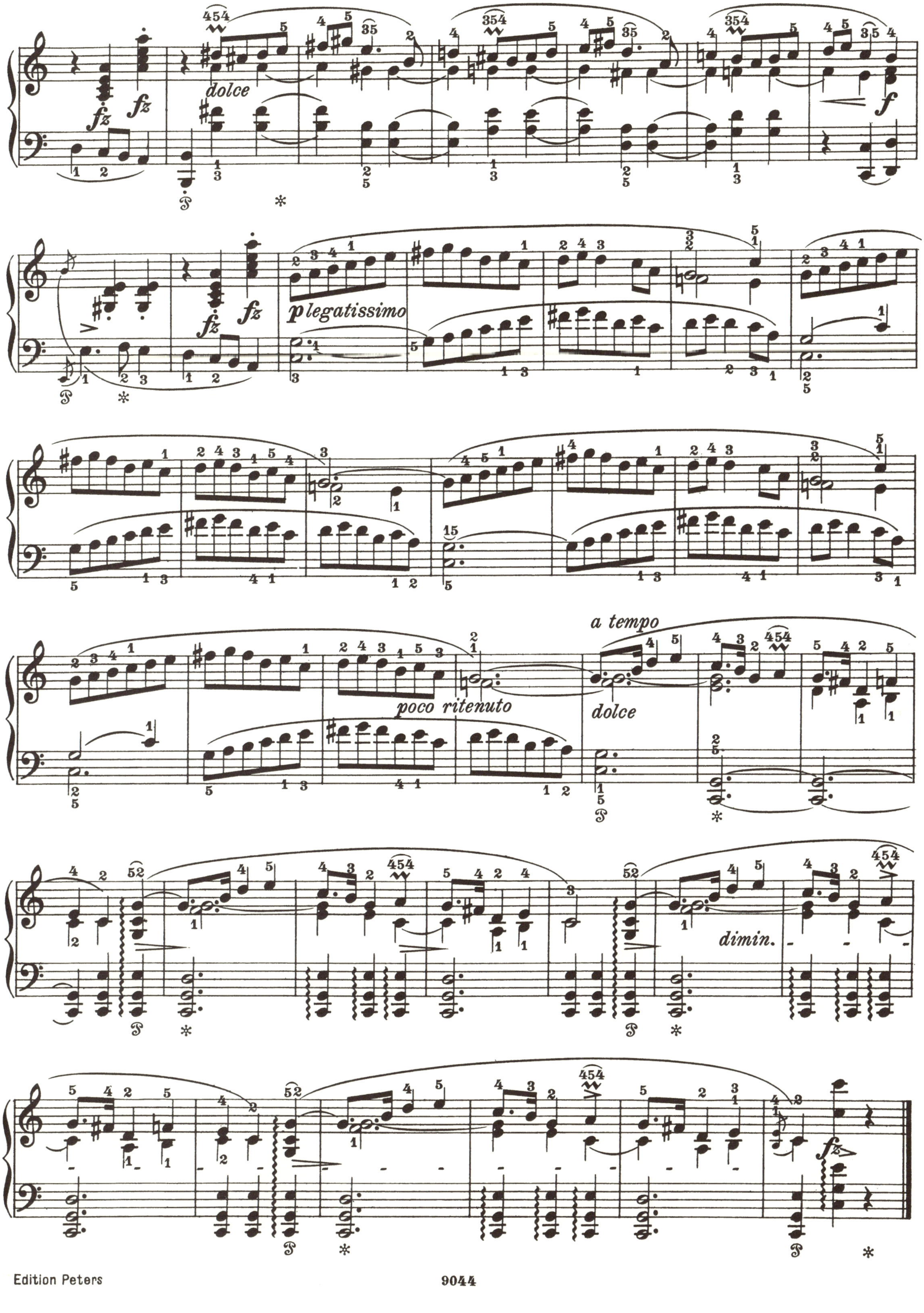
dolce
fz
fz
f
fz
fz
p legatissimo
poco ritenuto
a tempo
dolce
dimin.
fz

113

37. Allegretto Op. 59 Nr. 2

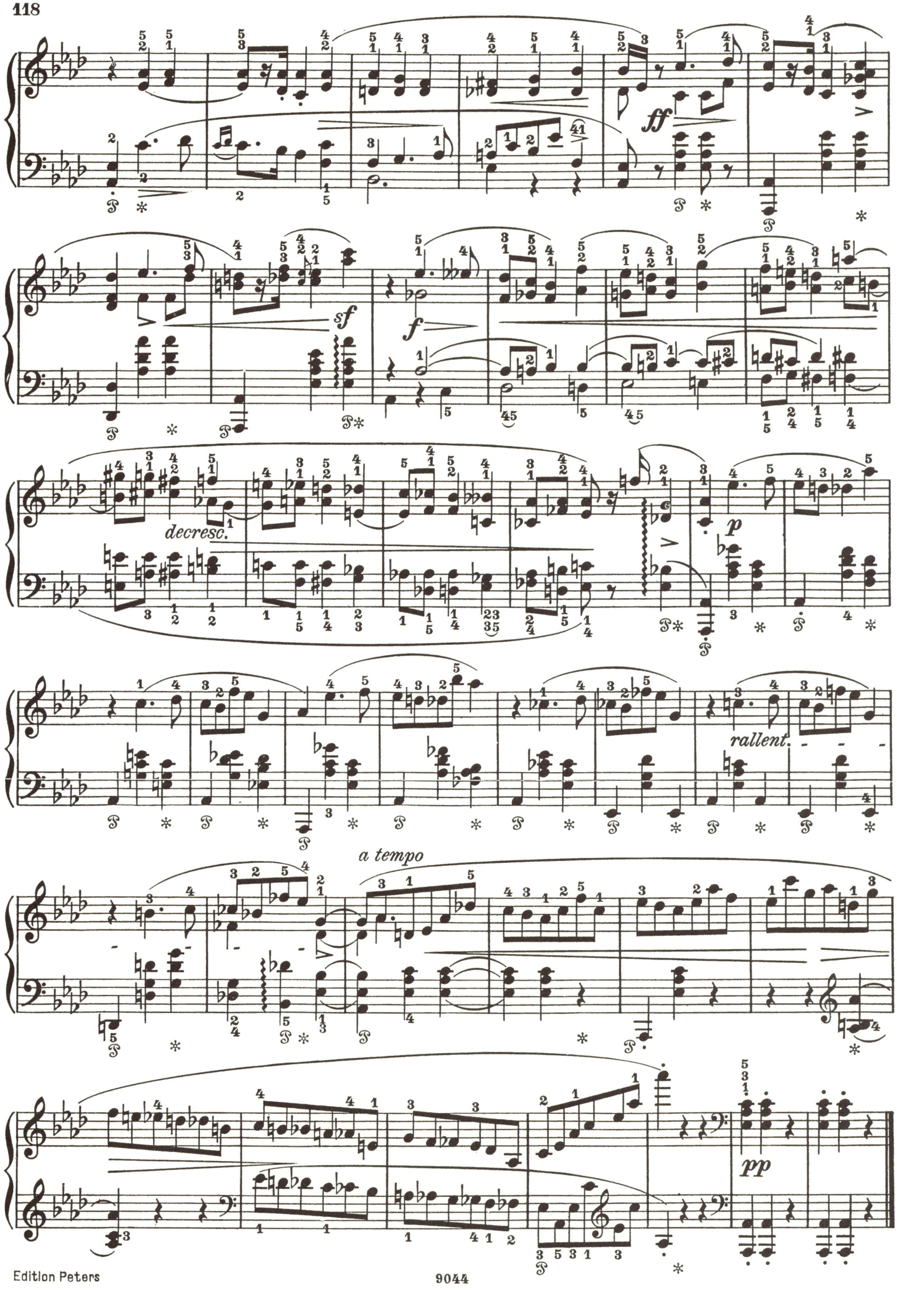
ff
sf
f
decresc.
p
rallent.
a tempo
pp

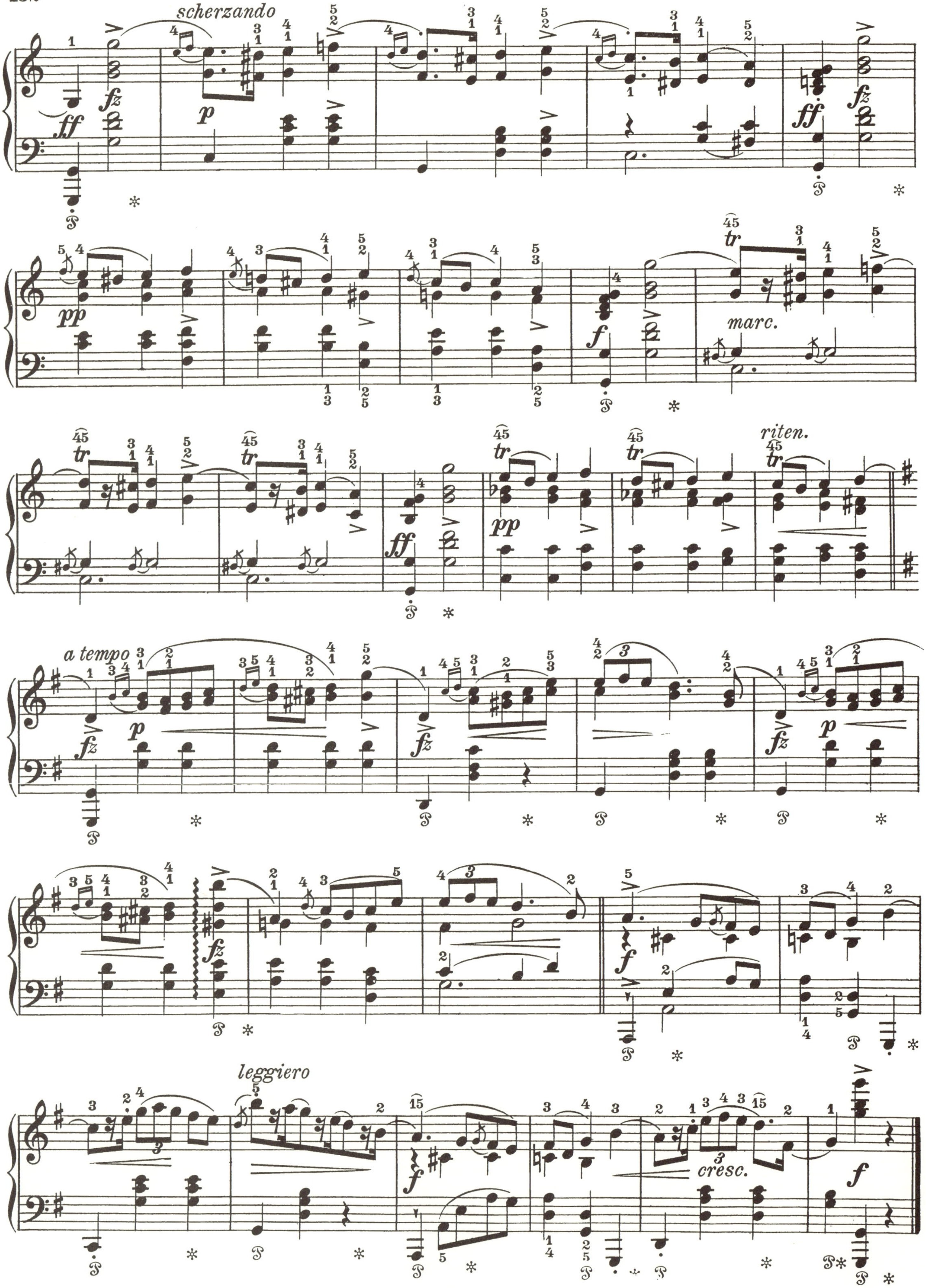
scherzando
ff
fz
p
pp
f
marc.
riten.
a tempo
leggiero
cresc.

Allegro, ma non troppo   Op. 68 Nr. 3

48.

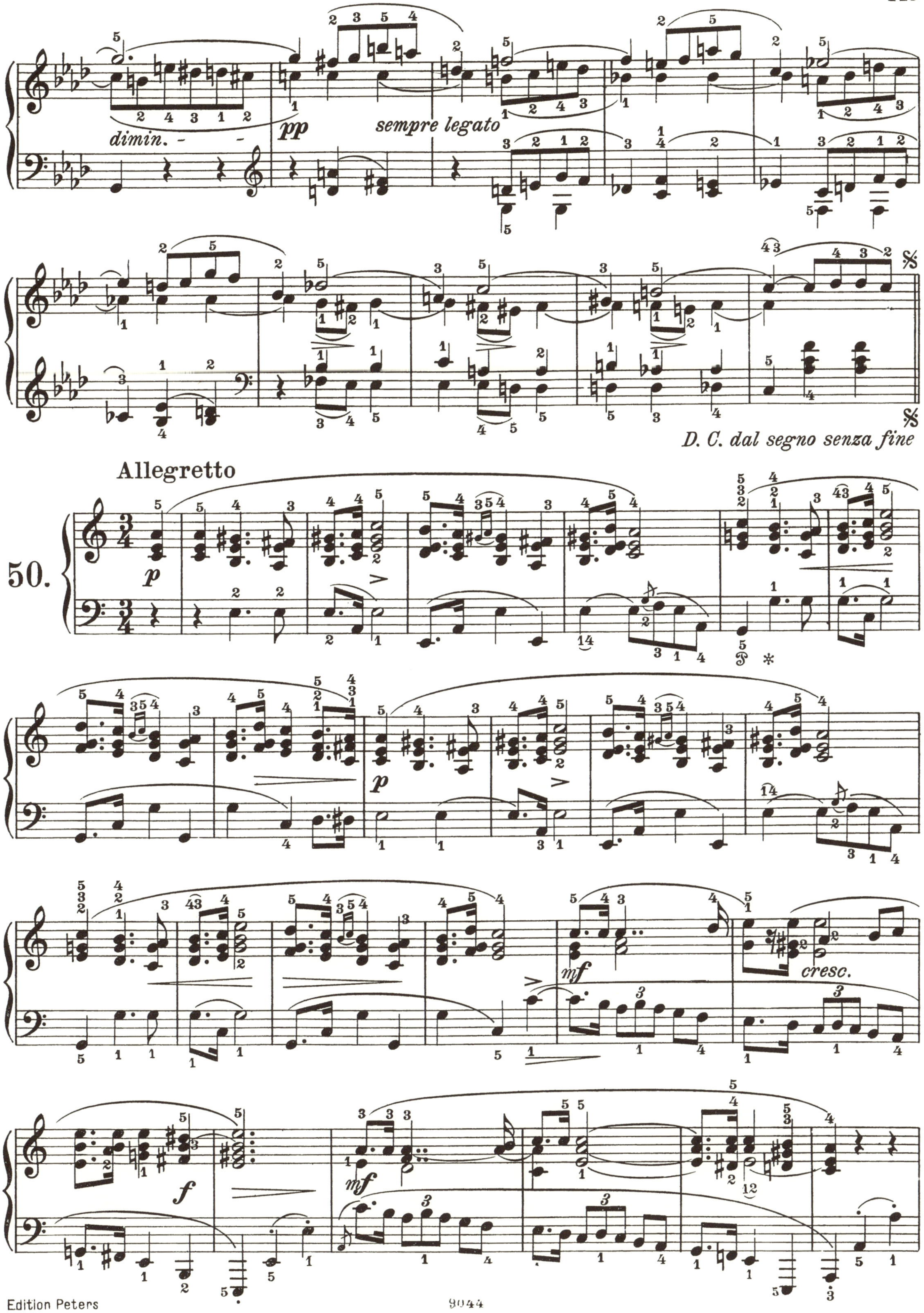
dimin.
pp
sempre legato
D. C. dal segno senza fine
Allegretto
50.
p
mf
cresc.
f

146

150

152

54.

KLAVIERMUSIK RUSSISCHER UND OSTEUROPÄISCHER KOMPONISTEN
RUSSIAN AND EAST EUROPEAN PIANO MUSIC

Sammlungen / Collections

KLAVIERMUSIK DER RUSSISCHEN FÜNF
(»Mächtiges Häuflein«) (Rüger)
Werke von Mussorgski (Scherzo cis-Moll, An der Südküste der Krim, Auf dem Lande); Borodin (Scherzo b-Moll); Cui (Nocturne Des-Dur, Valse D-Dur, Polonaise E-Dur, Mazurka fis-Moll); Balakirew (Paraphrase über „Die Lerche", Im Garten, Polka fis-Moll); Rimsky-Korsakow (Walzer Cis-Dur, Impromptu H-Dur u.a.) .... EP 9286a

KLAVIERSTÜCKE AUS RUSSLAND UND OST-EUROPA
- I 18 leichte Klavierstücke von Glinka, Liadow, Kabalewski, Schostakowitsch u.a. .... EP 4798
- II 100 Klavierstücke für Kinder von Glinka, Kossenko, Mjaskowski, Gliere u.v.a.
  Heft 1 41 sehr leichte Stücke u. Bearbeitungen EP 5721
  Heft 2 27 leichte bis mittelschwere Stücke . EP 5722
  Heft 3 22 schwerere Stücke .... EP 5723
- III Klavierstücke für Fortgeschrittene
  Heft 1 28 Stücke von Okunev, Eschpai, Schnittke, Schostakowitsch, S. Slonimski u.a........ EP 5771
  Heft 2 32 Stücke von Komponisten aus Moldawien, Ukraine, Weißrußland, Estland, Lettland, Litauen .... EP 5772

KONZERTSTÜCKE DES 20. JAHRHUNDERTS AUS RUSSLAND UND OSTEUROPA (Strukow)
Werke von J. Rääts (Toccata), K. Sorokin (Tanz A-Dur), G. Okunev (Nachklänge des Nordens), A. Eschpai (Etüde e-Moll), V. Barkauskas (Čiurlionis-Legende), A. Pirumow (Präludium und Toccata), A. Baltin (Sonatine), A. Babad-shanjan (Poem), M. Parzchaladse (Panduruli-Toccata) .... EP 5738

RUSSISCHE KLAVIERMUSIK UM 1920 (Koptschewski)
50 Stücke von Mjaskowski, Roslawetz, Mossolow, Saderazki, A. Alexandrow, W. Deschewow, A. Krein, B. Ljatoschinski, A. Drosdow, G. Popow, S. Feinberg, W. Schtscherbatschow, , N. Tschemberdshi, L. Polowinkin, u.a. .... EP 5798

Komponisten / Composers

BALAKIREW Islamei .... EP 9167
- Ausgewählte Klavierwerke Band I: Polka, Nocturne Nr. 2, Mazurken Nr. 1-3, Walzer Nr. 4 und 6, Scherzo Nr. 2, Wiegenlied, Toccata .... EP 9576a
- Band II: Im Garten, Die Spinnerin, Nocturne Nr. 3, Walzer Nr. 7, Scherzo Nr. 3, Mazurken Nr. 6 u. 7 EP 9576b

BORODIN Petite Suite .... EP 4320
BORTKIEWICZ Ballade cis-Moll op. 42, Elegie Cis-Dur op. 46 .... EP 8543

DVOŘÁK Ausgewählte Klavierwerke (Lerche) Humoresken (op. 101 Nr. 1, 5-8); Mazurken (op. 56 Nr. 3-6); Walzer (op. 54 Nr. 1, 4, 7); Silhouetten (op. 8 Nr. 3 u. 5); Poet. Stimmungsbilder (op. 85 Nr. 5 und 7); Dumka op. 12; Eklogen Nr. 1 und 4; Albumblätter Nr. 2 und 3; Sousedská g-Moll; Andante a-Moll (aus op. 98); Impromptu G-Dur .... EP 4676

JANÁČEK Auf verwachsenem Pfade; Im Nebel; Sonate 1.X. 1905; Tema con variazioni (Zdenka-Variationen); Erinnerung; Zum Andenken As-Dur EP 9867

LIADOW Von alten Zeiten op. 21, Kleiner Walzer op. 26, Die Spieldose op. 32, Barkarole op. 44, Drei Stücke op. 57, Vier Stücke op. 64 und ausgewählte Klavierwerke aus op. 2, 3, 4, 7, 10, 11, 15, 17, 27, 31, 40, 46 .... EP 9193

MUSSORGSKI Bilder einer Ausstellung, Urtext . EP 9585

SKRJABIN Klavierwerke in 6 Bänden (G. Philipp)
- I Etüden op. 8, 42, 65 .... EP 9077a
- II Préludes, Poèmes u.a. Stücke op. 11, 27, 32, 47, 56, 72, 73, 74 .... EP 9077b
- III Préludes, Poèmes, Stücke op. 13, 16, 38, 45, 46, 48, 49, 51, 52, 57, 58, 59, 61, 63, 67, 69, 71 EP 9077c
- IV Mazurken op. 3, 25, 40 .... EP 9077d
- V Sonaten Nr. 1-5 op. 6, 19, 23, 30, 53 ...... EP 9077e
- VI Sonaten Nr. 6-10 op. 62, 64, 66, 68, 70 .... EP 9077f
- Sonate-Fantaisie gis-Moll op. posth. (1886) ..... Bel 582
  Alle übrigen Klavierwerke mit Opuszahlen sind in Einzelausgaben erhältlich (siehe Katalog Edition Peters)

STOJANOFF 20 Klavierstücke für die Jugend .. EP 4751
A. TCHEREPNIN Suite für Cembalo op. 100 ... EP 6879
- Übungen an pentatonischen Tonleitern .... EP 4436

TSCHAIKOWSKY Ausgewählte Klavierwerke
- Bd. I aus op. 1, 8, 19, 21, 59 .... EP 4652
- Bd. II aus op. 2, 5, 7, 9, 10, 19, 40 u.a. .... EP 4653
- Bd. III aus op. 51, 72 .... EP 4654
- Große Sonate G-Dur op. 37 .... EP 4995
- Die Jahreszeiten op. 37a, Neuausgabe .... EP 8968
- Jugendalbum op. 39 .... EP 3782

Klavier zu 4 Händen / Piano 4 hands

DVOŘÁK Slawische Tänze op. 46 .... EP 8752a
- Slawische Tänze op. 72 .... EP 8752b

Zwei Klaviere / Two pianos

SMETANA Rondo C-Dur für 2 Klaviere zu 8 Hd. EP 4479
- Sonate e-Moll für 2 Klaviere zu 8 Händen .... H 19
A. TCHEREPNIN Rondo op. 87a für 2 Klaviere EP 6074
TSCHAIKOWSKY Konzert Nr. 1 b-Moll op. 23 EP 3775
- Konzert Nr. 2 G-Dur op. 44 .... EP 4644

Bitte fordern Sie den Katalog der Edition Peters an
For our free sales catalogue please contact your local music dealer

C. F. PETERS · FRANKFURT/M. · LEIPZIG · LONDON · NEW YORK

www.edition-peters.de · www.edition-peters.com

KLAVIERKONZERTE / PIANO CONCERTOS
(Ausgaben für 2 Klaviere / Two-piano editions)

J. CHR. BACH Konzert D-Dur
op. 13 Nr. 2 .... EP 4262
– Konzert B-Dur op. 13 Nr. 4 ...... EP 4329
J. S. BACH Konzert d-Moll BWV 1052
(Schulze/K. Schubert) .... EP 9980
– Konzert E-Dur BWV 1053 (Held) .. EP 9981
– Konzert A-Dur BWV 1055
(Soldan) .... EP 4467
– Konzert f-Moll BWV 1056 (Schulze/
K. Schubert) .... EP 9983
– Konzert C-Dur BWV 1061a, Originale
Erstfassung für 2 Klaviere (Wolff)
(zus. mit 2 Fugen aus der »Kunst
der Fuge« BWV 1080/18) .... EP 8611
– Doppelkonzert C-Dur BWV 1061
(Griepenkerl) .... EP 2200a
– Doppelkonzert c-Moll BWV 1060
(Griepenkerl) .... EP 2200b
BEETHOVEN Konzert Nr. 1 C-Dur op. 15
mit Originalkadenzen (Pauer) .... EP 2894a
– Konzert Nr. 2 B-Dur mit Original-
kadenz op. 19 (Pauer) .... EP 2894b
– Konzert Nr. 3 c-Moll op. 37 ..... EP 2894c
– Konzert Nr. 4 G-Dur op. 58 mit Original-
kadenzen (Pauer) .... EP 2894d
– Konzert Nr. 5 Es-Dur op. 73 .... EP 2894e
– Fünf Klavierkonzerte op. 15, 19,
37, 58, 73 und Chorfantasie op. 80
(Ausgabe für Klavier zu zwei Händen,
mit eingezogenem Orchesterpart) ... EP 144
BRAHMS Konzert Nr. 1 d-Moll op. 15 (Sauer)
EP 3655
– Konzert Nr. 2 B-Dur op. 83 (Sauer) .. EP 3895
CHOPIN Konzert Nr. 1 e-Moll op. 11
(Pozniak) .... EP 2895a
– Konzert Nr. 2 f-Moll op. 21 (Pozniak) . EP 2895b
– Grande Polonaise brillante Es-Dur
(mit Andante spianato) op. 22 ... EP 2968
– Werke für Klavier und Orchester
op. 2, 12, 14, 22 (Ausgabe für Klavier
zu zwei Händen) .... EP 1912
DEBUSSY Fantaisie G-Dur (Pommer) . EP 9078k
FAURÉ Fantasie op. 111 .... EP 9569b
FRANCK Symphonische Variationen
fis-Moll (Sauer) .... EP 3741
GLASUNOW Konzert Nr. 1 f-Moll
op. 92 .... Bel 185
– Konzert Nr. 2 H-Dur op. 100 ..... Bel 186
GRIEG Konzert a-Moll op. 16 ..... EP 2164

HAYDN Konzert G-Dur Hob. XVIII:4
(mit Kadenzen vom Herausgeber)
(Hinze-Reinhold) .... EP 4643
– Konzert D-Dur op. 21 Hob. XVIII:11
(mit Originalkadenzen und Kadenzen
von Sekles) (Teichmüller) ...... EP 4353
– – (Hinze-Reinhold) .... EP 4353a
LISZT Konzert Nr. 1 Es-Dur .. EP 3606
– Konzert Nr. 2 A-Dur .... EP 3607
– Phantasie über ungarische Volks
melodien (Sauer) .... EP 3612
– Konzerte Es-Dur, A-Dur; Danse macabre;
Phantasie über ungarische Volksmelodien;
Schubert: »Wandererfantasie«; Weber:
Polonaise brillante .... EP 3602c
MENDELSSOHN BARTHOLDY
– Konzert Nr. 1 g-Moll op. 25 . EP 2896a
– Konzert Nr. 2 d-Moll op. 40 . EP 2896b
– Werke für Klavier und Orchester op. 22,
25, 29, 40, 43 (Ausgabe für Klavier zu
2 Händen) .... EP 1704d
MOSZKOWSKI Konzert E-Dur
op. 59 .... EP 2872
W.A. MOZART Sämtliche Klavierkon-
zerte (Nr. 5-27), Neue Urtext-Ausgabe
von Chr. Wolff und Chr. Zacharias
(mit Originalkadenzen)

– Konzert Nr. 5 D-Dur KV 175 (mit
Konzertrondo D-Dur KV 382) .. EP 8805
– Konzert Nr. 6 B-Dur KV 238 .. EP 8806
– Konzert Nr. 7 F-Dur für 3 Klaviere und
Orchester (»Lodron-Konzert«)
KV 242, mit Einlage: Fassung für
2 Klaviere vom Komponisten .. EP 8807
– Konzert Nr. 8 C-Dur KV 246 (»Lützow-
Konzert«) mit Originalkadenzen .. EP 8808
– Konzert Nr. 9 Es-Dur KV 271
(»Jeunehomme-Konzert«) ... EP 8809
– Konzert Nr. 10 Es-Dur für 2 Klaviere
und Orchester KV 365 ...... EP 8810
– Konzert Nr. 11 F-Dur KV 413 .. EP 8811
– Konzert Nr. 12 A-Dur KV 414 (mit
Konzertrondo A-Dur KV 386) .. EP 8812
– Konzert Nr. 13 C-Dur KV 415 . EP 8813
– Konzert Nr. 14 Es-Dur KV 449
(»1. Ployer-Konzert«) .... EP 8814
– Konzert Nr. 15 B-Dur KV 450 . EP 8815
– Konzert Nr. 16 D-Dur KV 451 . EP 8816
– Konzert Nr. 17 G-Dur KV 453
(»2. Ployer-Konzert«) .... EP 8817

W.A. MOZART (Forts.)
– Konzert Nr. 18 B-Dur KV 456
(»Paradis-Konzert«) .... EP 8818
– Konzert Nr. 19 F-Dur KV 459
(»2. Krönungskonzert«) .... EP 8819
– Konzert Nr. 20 d-Moll KV 466
(mit Kadenzen von Beethoven und
Zacharias) .... EP 8820
– Konzert Nr. 21 C-Dur KV 467
(mit Kadenzen von Zacharias) . EP 8821
– Konzert Nr. 22 Es-Dur KV 482
(mit Kadenzen von Zacharias) . EP 8822
– Konzert Nr. 23 A-Dur KV 488 . EP 8823
– Konzert Nr. 24 c-Moll KV 491
(mit Kadenzen von Zacharias) . EP 8824
– Konzert Nr. 25 C-Dur KV 503
(mit Kadenz von Zacharias) . EP 8825
– Konzert Nr. 26 D-Dur KV 537
(»1. Krönungskonzert«)
mit Kadenz von Zacharias ... EP 8826
– Konzert Nr. 27 B-Dur KV 595 . EP 8827
RIMSKY-KORSAKOW Konzert cis-
Moll op. 30 .... Bel 188
SAINT-SAËNS Karneval der Tiere
Partitur .... EP 9293
– – Klavier I/II-Stimme ...... EP 9293b
SCHUMANN Konzert a-Moll
op. 54 (Sauer) .... EP 2898
– Konzertstück F-Dur für Klavier
und Orchester (nach dem Konzert-
stück für 4 Hörner op. 86) .. EP 8576
SCRIABIN Konzert fis-Moll
op. 20 .... Bel 189
A. TCHEREPNIN Konzert Nr. 5
op. 96 .... Bel 190
– Konzert Nr. 6 op. 99 .... Bel 191
TSCHAIKOWSKY Andante und
Finale op. 79 (Taneiev) ..... Bel 373
– Konzert Nr. 1 b-Moll op. 23
(Teichmüller) .... EP 3775
– Konzert Nr. 2 G-Dur op. 44 . EP 4644
WEBER Konzertstück f-Moll
op. 79 (Ruthardt) .... EP 2899
– Konzert Nr. 1 C-Dur op. 11;
Konzert Nr. 2 Es-Dur op. 32;
Variationen op. 2, 5, 6, 9, 28, 55
(Ausgabe für Klavier zu
zwei Händen) .... EP 717c

Bitte forden Sie den Katalog der Edition Peters an
For our free sales catalogue please contact your local music dealer

C. F. PETERS · FRANKFURT/M. · LEIPZIG · LONDON · NEW YORK

www.edition-peters.de · www.edition-peters.com